致富贏家只做「這件事」

股市小白成為億萬富翁的超強鐵則

勝てる投資家は、「これ」しかやらない

資深投資專家
上岡正明 著

林美琪 譯

成為股市贏家的「唯一方法」

「做股票有沒有簡單一點的方法？」

「股票賺上億元的人，是不是都有特殊的技巧？」

　　如果你是才剛開始做股票的人，或是即將踏入這領域的人，應該都想過這些問題吧。而你買下這本書，想必就是為了探索這些問題。

我做股票投資已經 23 年（至 2021 年止）。我 23 歲踏入這個領域，至今賺進約六億日圓的資產（之後會再詳細介紹）。

因此，我受邀成為大型證券公司、國家行政機關等單位的客座講師，經常跟大家分享股票投資的成功方法與失敗經驗。而在這些場合，我一定會被問到上述兩個問題。

不僅新手，連縱橫股市十年以上的老鳥，都會這樣問。其實，很多投資人都會問：「我的投資技巧和方法到底對不對？」而有這種煩惱是很正常的。

在我們的求學過程中，老師教我們數學、經濟等學科，卻沒教我們投資方法。因此，我們只能「以身試法」，在失敗中學習。

看到這裡，你是不是覺得股票投資很難呢？讓我先說結論吧。想做股票賺錢，**「只要實踐一件事」**就行了。

股票贏家的獲利法門，就是實踐「一種方法」，也可說是一種「模式」。

我敢打包票，只要知道這個方法，誰都能從股票投資中獲利。當然，努力還是必須的。但只要知道這個方法，你與成功的距離將大幅縮短。

不好意思，開場白鋪得有點長。那麼，我來說結論吧。股票致勝只有一個法則，就是懂得「**再現性**」（reproducibility）。

股市贏家無不看重「致勝的再現性」。只要知道這個可一再複製重現的「再現性」，你就能進步神速，善用投資方法來提高勝率。

▌股票並非賭博

當然，股票投資與賽馬、彩券等賭博行為不同。那麼，不同之處為何？能夠明確地解釋出來嗎？

我認為不同之處在於：是否具有「再現性」。

說穿了，我們這些資深股民，不過是找到具有「再現

性」的幾種致勝模式，再審慎搭配天時、地利、人和，才能源源不絕地從股市提錢。

換句話說，**不具備再現性的投資手法，與賭博無異**，因為這類手法不能將可期待的結果、成果予以數字化。

預先以數字推估可能的報酬，這個數字稱為「**期望值**」（這是非常重要的觀念，本章將會詳細解說）。

此外，投資人必須具備「**資金管理**」能力，即妥善運用手上的資金。這裡的資金，可說是玩撲克牌遊戲的「牌」。

手上的牌（資金）如果搭配得好，菜鳥也能打敗強勁對手，打出超越實力的好成績。反之，如果無法洞悉牌局的走勢，或是因連續勝出而大意，不論你的牌多強，依然可能吞下敗仗。

我設計出來的股票投資必勝公式，完全符合以上要件。

> # 股票投資必勝法則：
> # 再現性╳期待值╳資金管理

　　這套股票必勝方程式，是我鑽研股票 23 年所發明出來的，任何投資人皆能藉此公式獲利。接下來，這則公式會不斷出現，請各位記住。

具有再現性的彩券行，
人人皆會爭相購買

讓我來舉例說明吧。

假設你的朋友中了樂透一億日圓。這位朋友對你說：

　「我在銀座那家彩券行買的，很容易中喔，你要不要去買買看？」

聽到這話，你會做何感想？是不是彷彿自己也中了一億圓，大讚「不愧是好朋友！」？是不是立馬衝到那家彩券行，大肆收刮彩券呢？

除了魯莽躁進的人以外，一般人應該會回答：「謝謝你告訴我這個消息，但我不會中的啦！」理由很簡單。

因為這種人都知道，就算「天公疼好人」，複製朋友的買彩券行為，也不會一樣大中一億圓。亦即，**這個行為不具「再現性」。**

那麼，如果這位朋友繼續說：

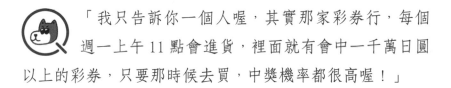

「我只告訴你一個人喔，其實那家彩券行，每個週一上午 11 點會進貨，裡面就有會中一千萬日圓以上的彩券，只要那時候去買，中獎機率都很高喔！」

一看手錶，就是這時候。聽到這話的你，應該會立馬衝向那家彩券行才對。不只是你，我也會以跑百米的速度，比你更快衝進彩券行。

因為只要這個時間點去買，人人都有中一千萬日圓的機會。股票投資也一樣，而這就是「再現性」的威力。

華爾街金童 也十分重視「再現性」

同樣地，據說美國華爾街的金融人員，私下會以高價出售一種檔案，內容盡是投資必勝的再現性資料。

這些資料包括近期容易致勝的市場模式，以及每一季的走勢等，推銷對象則是頂級富豪客層。

這個檔案，不會只有本書介紹的再現性而已，應該還包括了季節性等近似市場異常現象[1]的資訊。無論如何，金融投資的專業操盤手都看重再現性、規則性，這點是肯定不會錯的。

註解 1　市場異常現象：anomaly，指無法根據理論做出合理解釋的規則性、現象。

　　我要特別說明，本書採取將股票致勝的再現性與市場異常現象並陳處理的方式。這是我長年鑽研出來的投資哲學，相信這種做法會讓各位股民更賺錢。

　　如何？想不想學習「投資贏家的再現性」？

　　只要學會本書介紹的再現性，你就離投資贏家更近一步了。

不僅如此，還能解決你一直以來的這道大哉問：「那些荷包賺飽飽的投資人，到底有什麼密技？」容我再說一次，那是因為專業投資人都十分重視「再現性」。

我也是，我做股票賺進六億圓，靠的就是不斷進行具有「再現性」的投資。

我以專業投資家的身分，多次接受電視節目、金融投資週刊《THE NIKKEI VERITAS》、金融投資月刊《DIAMOND ZAi》等媒體的採訪。

股票投資算是我的副業，不過近年來，我的股票獲利相當穩定，最好的時候可以月入超過一千萬日圓，每年光是股利就有近五百萬日圓。此外，我還是一名投資系YouTuber，訂閱數達 15 萬人（截至 2021 年 12 月止，包含次頻道）。

從險些破產的
慘痛經驗中學到教訓

看到這裡，你會不會在內心咕嘀：「這人好驕傲！」、「只是走運罷了！」可是，我 20 多歲開始做股票時，也跟各位一樣，連連苦吞敗仗。

這是必然的，因為我當初只會跟著股票雜誌、網路上的熱門資訊瞎起鬨，完全不懂選股、停損的規則，一味地把資金丟進去而已。

即便股價如預期上漲，我也不知該在哪個點獲利了結[2]。

最糟糕的是股價不如預期，跌跌不休時，我既不知如何設停損，也不懂得如何做好情緒管理。

曾有一段時間，我靠著新手的好運道獲利，但當行情進入盤整格局，我就眼睜睜看著我的二百萬日圓資金一路縮水，最後全被套牢了。

註解 2　獲利了結：當手上的股票或外匯等資產漲價而出現帳面利益時，賣掉這些資產以確實獲利。

我的投資生涯中最慘烈的戰役，是 **2007 年美國次貸危機前，我玩起了信用交易（融資及融券）**。所謂信用交易，就是以放在證券公司的現金或手上的股票作擔保，最高可借出約三倍資金，進行槓桿交易[3]。

也就是說，資金僅一百萬日圓的股民，可以增資到 300 萬日圓（各家證券公司規定不一），加速獲利。但相對的，一旦預測失準，風險也擴增為三倍，因此往往一個小失誤便釀成不可收拾的損失。

話說當時我嘗到了甜頭，自 2002 年下半年起，日經平均指數（日經 225）強勢上漲，於是我把信用交易發揮到極限，即所謂的最大槓桿交易[4]。沒想到後來美國發生信用危機，強勢行情一夕崩盤，我被迫追加保證金，差點搞到破產。

註解 3　槓桿交易：以放在證券公司的交易資金或保證金為基礎，借出更大的金額來交易金融商品。
註解 4　最大槓桿交易：用最大倍率的金額進行槓桿交易。

幸好追加保證金的隔天，日經指數跌深反彈，呈 V 字上揚，我才得以平安逃過一劫。假設當時我運氣太背，股價沒有反彈的話，我或許無法像現在這樣寫書，得意地和大家分享股票成功術了。

這個經驗給我的教訓是，光憑「運氣」無法從股市獲利。更重要的是，絕對無法持續獲利。

要從股市獲利，而且持續獲利的話，就要掌握致勝的原理和原則。沒錯，我終於大徹大悟了。

散戶也能打敗專業操盤手

每次我分享到這裡，就會有人提出這個問題：「我們這種跟外行人沒兩樣的散戶，再怎麼努力也玩不過外資和大型基金的專業操盤手吧？」

我倒是有不同的看法。只要學會「再現性」，正在閱讀本書的散戶朋友，有時遠比外資或大型基金的專業操盤手更有利。

基金的專業操盤手和大型機構等，目前都是導入AI（人工智慧）系統，從大數據快速計算出期待值後，進行買賣。

　　期待值就是先從每支股票、每張圖表的表現，計算出過去報酬的平均值，然後再計算若依此不斷投資下去，最終得出的數字。「AI操盤手」可以一秒算出期待值。

　　然而，AI操盤手也不是百分之百穩贏的。

　　假設交戰對手是機器，那麼A1會演算期待值，就應該有絕對的勝率。但在股票投資世界，對手不會全是機器吧，在場上對峙的，是我們這樣有血有肉的人。

　　人有七情六慾，時而迷惘、時而驚慌，貪婪與恐懼糾纏。因此，AI的預測也會失準，這就為我們這種一般散戶製造可趁之機了。再加上，我們學會股票投資的「再現性」後，不論對手是AI，或是多麼巨大的角色，都能從戰役中獲利。

可以再現「昨日的勝利」嗎？

已經讀到這裡的聰明讀者，應該猜到了吧。

是的，我要介紹的「再現性」就是：藉由高成功率的買賣、過去的走勢分析，同時觀察總體經濟、金融動向，

找出規則性，然後善用散戶的強項，在最佳時機點投資。

　　找出更多致勝的共通點，就能求出更高的期待值，進行更有利的買賣。讀完本書，你就能找到更多的致勝共通點，那麼，你才能擬定自己的投資攻略，建立屬於你自己的致勝模式。

　　為了追求再現性，終究必須從更多的經驗中找出致勝公式才行。換言之，非得從大量的範本中找出致勝模式不可。

　　老實說，這是相當折磨人的苦差事。我在撰寫本書時，就好幾次快要崩潰了。

　　正因為我有長年的投資資歷，才能從豐富的經驗、大量的買賣履歷中，找出許多致勝模式。如果我是個才接觸股票沒幾年、資歷尚淺的投資小白，肯定無法完成這項工程。

　　從另一個角度說，各位讀者可以省下這些辛苦和時間了。因為，我會在本書中，將這些再現性的模式，一個一個詳細地介紹下去。

掌握致勝法則，
就能提高獲利機率

一如我在本書開頭就提過的，股票投資有一些致勝的方程式。大型機構、專業投資家都知道這些方程式，而且持續善用，創造收益。

本書便收集了這些具再現性的投資技巧及觀念。雖說如此，但不是相當難學高深的專業技巧、也不是所謂資深投資家才知道的「密技」。

我說過，致勝的投資方法沒別的，就是所有專業投資家不斷反覆利用，極其基本卻再現性高的方法的組合。

我知道不少投資新手都期待看到高深艱難的投資技巧。

我是一個閱讀神速的人，23 年前開始做股票時，我曾經一整天都埋頭研讀股票投資書籍，想要偷學資深投資家的技巧。當時，我幾乎把品川車站前一家大型書局股票專區的書全讀完了，不誇張，我記得超過一百本以上。

然而，即便我學會各種線圖的分析手法、各種財務報表的解讀方式，仍然不可能持續從股市獲利。我自己也曾寫過那類書籍，不可否認，那些都是適合行家看的。

股票致勝的再現性，不是要你模仿別人。

而是要你先了解投資致勝的基本結構，知道股市贏家的慣用方法，並摸透輸家的毛病及模式，然後進行選股及趨勢分析。

要學會這些只有一個方法，就是學會贏家奉行的再現性。

本書的使用對象非常廣，從剛開始做股票的初、中級投資人，到最近為投資失利而煩惱的人，甚至是才剛對投資感興趣的新手，都適合閱讀。

裡面全是股市贏家所奉行的技巧及知識，全都具有再現性，刻意避免難澀難懂的專業術語，並且分享我個人實際操作的成功及失敗經驗。透過本書，你也可以體驗我 23 年投資生涯的起起落落。

因此，讀完以後，請務必將此書放在身邊。

股市贏家只會「這樣做」。而本書，就是一本股票投資致勝的大全集。

上岡正明

contents

PART

1 爆速建立投資心態

新手與老手皆須知道的「新知」

PART

6 一決勝負的買賣全攻略
拉大差距的「資金管理法則」

終章 傾囊相授！
成為投資贏家的「超強鐵則」

PART 1

爆速建立
投資心態

新手與老手
皆須知道的「新知」

01

股票讓你再忙都能賺到錢
短時間獲利的 3 大重點

目前我的股票獲利是一年數千萬日圓，而且每年的股息就超過日本人的平均年收。

我的本業是企業經營者，資歷大約 20 年，除此之外，我也是一名 YouTuber，更身兼商業用書作者、大學講師等職，每天從早到晚忙個不停。

如此忙碌的日常中，我依然能**利用早上短短的空檔看盤，持續獲利**。原因無他，因為我持續運用具有高再現性的致勝術。這裡將介紹股票投資獲利的 3 個要件。

準備好了嗎？馬上就要進入成為股市贏家的核心要點了。

首先是本書開頭提到的（**1**）確立「**再現性**」。其次是
（**2**）了解「**資金管理**」的方法。最後是（**3**）學會克服貪
婪與恐懼的「**情緒管理**」方法。

掌握這三項，等於將股票投資致富的全部知識都學到
了。如何？股票投資成功的法門，其實就是這麼簡單。

我認為，一邊上班或經營本業，一邊用最輕鬆自然的
方式來累積交易經驗，才是通往成功的捷徑。

應該說，上班族上班，或是家庭主婦照顧家裡，依然
可以同時投資股票，是因為他們站在大型機構、外資等動
用大筆資金的專業操盤手的正對面，有時反而更加有利。
為此，你必須好好學習前面提到的三項要件：（**1**）再現性、
（**2**）資金管理、（**3**）情緒管理。

股票投資致勝三要件：（1）再現性、（2）資金管理、
（3）情緒管理。請建立好這三個重點組成的金字塔。

02

八成的散戶沒賺錢
如何從前人的失敗中汲取教訓

用股票投資創造約六億日圓資產的我，剛入門時其實敗仗連連。

與此同時，恐懼與迷惘更是不曾中斷過。

開始做股票的前兩年，我總是忐忑不安，尤其發生雷曼風暴（2008 年，美國第四大券商雷曼兄弟〔Lehman Brothers〕聲請破產，全球股市投資人受創）、三一一大地震時，我承受莫大的精神壓力，惶惶終日不能自已。一度增加的資產，也眼睜睜看著它縮減下去。

心情的不穩定，會直接表現在投資上。

「再這樣下去，我要被迫退出股市了。」

懷抱著這樣的危機感，我將過去的交易履歷全部翻出來，再次仔細檢討每一次的失敗。不過，此舉不是為了買賣，而是為了追究「為什麼會一直失敗？」、「為什麼資產會一直縮水？」的原因與結果。

努力到最後，我終於研究出股票投資的三大要點：「再現性」、「資金管理」、「情緒管理」。而接下來要介紹的「再現性」尤為重要。

就是學會這種具再現性的買賣後，我的投資才開始慢慢獲利，最後累積了高達六億圓的資產。

此外，我是在重新檢視失敗的過程中，才知道有所謂「投資成功者的機制」與「投資失敗者的機制」。

說是這個重大發現改變我的人生，實不為過。

▌要學會「攻」，也要學會「守」

如今回想，當時我既欠缺進攻的技術，也欠缺防守的技術。唯有這兩項技術搭配得宜，才能穩健地踏上股票投

資的成功之路。

在我檢視我的慘敗歷史後，**發現有一點相當重要，就是具備防守技術（資金管理、情緒管理）與進攻技術（致勝的再現性）。**

當我具備這兩項重要技術後，我的投資成績就有一百八十度的大轉變，而且獲利穩定。

本書介紹的股票投資技術與技巧，都非常簡單。為什麼？因為這些都是我自己在實踐中研究出來的，絕非紙上談兵、無法實踐的理論，不會造成投資上的困擾。

各位投資失敗的原因，十之八九是因為「不具再現性，再加上未能妥善做好資金管理及情緒管理」。

正因為我有豐富的失敗經驗，因此我能自信地斷言。

越是專業，越重視簡單的方法

其實，股票投資致勝，幾乎不需要艱難的技巧。

讀完本書的各位，或許會不滿地嘀咕：「真的就這樣而已？」、「不需要再難一點的分析手法嗎？」

但我想強調的是，**就算學了一堆專業知識與技巧，依然未能獲利的散戶有八成之多。**這是事實。

據傳，「約八成的投資人，總的來說都沒賺到錢。」原因無他，就是因為輕忽真正重要的事，反而被艱難的知識及技巧給絆住了。

我見過許多股票資歷超過五十年的專業操盤手，以及所謂的股市專業投資家。

越是專業的投資家，其買賣手法越是簡單，宛如劍術高手般，日復一日地打磨自己習慣的交易方法。他們重視的技巧、技術，幾乎都是眾所皆知的基本模式的組合。

因此，堪稱集我個人經驗大成的這本書，雖然十分簡單，但全是股資人必須知道的最重要關鍵，我願在此傾囊相授。

八成的投資人
都不斷犯下同樣的錯誤

我一再說,做什麼事都失敗的人,原因幾乎都出在基礎不紮實。

各位是否有這樣的經驗?在重要的場合說不出話、真正的實力發揮不出來、因為心理因素而犯下無以彌補的重大失誤……這些問題都是出在於基礎不紮實。

　　股票投資也一樣（股票世界比的也是技術和經驗，自然不可能例外）。

　　了解失敗機制，事先擬定對策，才能穩健地持續獲利。這點十分重要。

　　為此，接下來我們就要進入重要的核心項目，即前面一再提及的（1）再現性、（2）資金管理、（3）情緒管理這三大要件，請各位好好學習。

　　你對投資股票所抱持的「常識」，將會一點一點瓦解下去。準備好了嗎？且聽我細說分明。

　　不論是誰，起初總難逃失敗連連的命運。請確實掌握失敗原因，勿再重蹈覆轍。

03

要從股市獲利非常困難？
擦掉股票投資的負面觀感

各位對「股票投資」的印象為何？

「非常困難。」、「那是專家在玩的資產運用方式。」

相信很多人都常常聽到祖父或父親耳提面命：「千萬不要玩股票！」

事實上，自進入平成時代（1989 年），泡沫經濟破滅後，日本經濟、日本股市皆下滑了二十年。那些在昭和時期尾聲投入股市的老人家會如此否定股票投資，某個意義上也是莫可奈何。

不過，從小泉政權（2001 至 2006 年）到打出所謂「安倍經濟學」（2012 年）的安倍政權後，股價已再次恢復強

現在正是睽違 30 年的泡沫期？？

以美元計價的日經平均指數的長期走勢（1980 年以後）

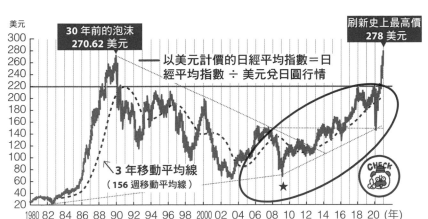

資料來源：Bloomberg，樂天證券經濟研究所製（1980 年初～ 2021 年 1 月 21 日）

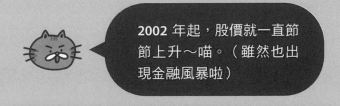

2002 年起，股價就一直節節上升～喵。（雖然也出現金融風暴啦）

勁的活力。我認為，**2021 年正是日本「睽違 30 年來的股市泡沫時期」**。

只要看以美元計價[1]的日經平均指數就知道了（參考前頁圖）。眾所周知，日本股市的投資者中，外資占比為七成，日本股市對全球各市場亦有莫大的影響力。

在以美元交易的外資眼中，今天的日經指數幾乎與昭和泡沫時期處在同樣的位置。簡直就是股市泡沫的再次翻版。難怪他們看到的世界，會跟以日圓買賣的日本人截然不同。

投資贏家都是乘著容易致勝的行情潮划出去

也就是說，日本的股票市場於 2000 年觸底後，便以毫不遜於美國的程度持續上揚。

註解 1　以美元計價：指匯兌時以美元表示，付款時也以美元支付。

　　我們可以看到，日本股市在歷經 2008 年的雷曼風暴、2015 年的中國股災後，依然能越挫越勇，持續回穩。了解這個背景，你就會知道，靠一點一點買股致富，其實並非難事。

　　購買本書的各位，應該都是想從股票投資中獲利，卻不知如何致勝的人吧。我先問各位一個問題：

　　在前面（P43）的線圖中，如果在最低點（★處）購買與日經指數連動的投資信託基金等，到底會有幾成的投資人賺到錢呢？

　　認為「日本景氣很差，恐怕做股票賺錢的人不到三成」的人要注意了，因為你陷入「錯誤認知」裡了。

　　答案是，一點都不誇張，其實有高達「九成的投資人」賺到錢。

　　這段時間，陸續出現好多將數十萬日圓變成數千萬日圓的投資人，我就是其中之一。

　　當你累積一定的投資經驗後，你會知道，初、中級股民剛開始都太計較於「想賺錢到底要具備哪些知識？」、

「要有哪些技巧才能無往不利？」

可以想像，股市菜鳥每天都為了學習相關知識與技巧而忙得團團轉。我要告訴這些朋友，你認為「做股票賺錢很難」的成見，其實是錯的。

不要再認為投資很困難了。我敢這樣說當然有所本。股市贏家的常勝祕訣不在於急著學習知識與技巧，而是在於找到容易下手的時機，將資金集中在容易獲利的股票上。

然後，坐收大筆進帳。不論是做當沖（當日沖銷）或長期投資，用的都是這一套。

　　就像僅靠少數人才知道的資訊就分出勝負般，股票投資的致勝法則一點都不複雜。應該說，資訊太過複雜，答案也就複雜，只會讓新手更加混亂而已。

　　投資贏家不過是在容易致勝的時機，搭上容易致勝的船，乘著行情的波潮，往致勝的方向划出去罷了。

　　你也一樣，只要看準潮流，選定時機，搭上「必勝之船」，之後就「隨波逐流」即可。

POINT

　　股票投資無需高深的知識及技巧，重要的是掌握容易致勝的行情趨勢。

04

過去的投資經驗可以參考
洞悉市場「扭曲現象」的訣竅

我舉個例子來說明如何利用股票市場的「扭曲現象」。

後面會再詳加解說，這裡先稍微提一下，加深各位對再現性的理解。請看右圖。

這是美國上市五百支代表性股票指數「S&P500」（標準普爾 500 指數）過去 30 年的各月平均推移數據。

從這張圖我們知道，**美國股市會從 3 月開始上揚，8 月再次下跌，如此反覆。**8 ～ 9 月的時候，股價進入盤整格局，然後在 11 月反彈上揚，到 3 ～ 4 月時達到高峰，然後再次緩緩下跌⋯⋯，一再重複。

美國股市隱藏著一種規律性！

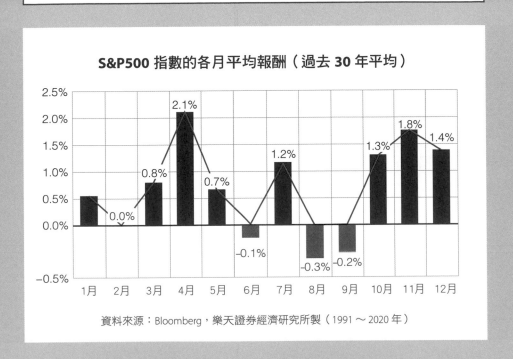

S&P500 指數的各月平均報酬（過去 30 年平均）

資料來源：Bloomberg，樂天證券經濟研究所製（1991 ～ 2020 年）

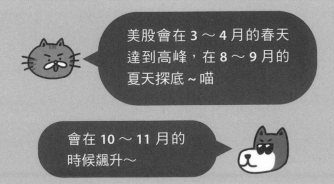

美股會在 3 ～ 4 月的春天
達到高峰，在 8 ～ 9 月的
夏天探底 ~ 喵

會在 10 ～ 11 月的
時候飆升～

順帶一提，這個市場異常現象，是 1991 年至 2020 年美股的數據。

雖非百分百準確無誤，但這不是 2 ～ 3 年，而是長達 30 年的數據累積結果，應具有相當的再現性。

股市均具有規律性

那麼，日本股市的情況又是如何？

我們都知道，美股與日股有某種程度的連動關係，稱為「連結」（Coupling）。

右圖呈現出美股與日股的連動狀況。

雖非絕對，但可以說，日股與美股走勢十分相似。至少，知道這個再現性的股民，其應對態度與操作方式，都會與不知道而隨著氣氛起舞，被媒體帶風向的股民截然不同。

如何？第一次看這個數據的投資人，應該很驚訝於如

真的會連動嗎？！

美國股市與日本股市的連結

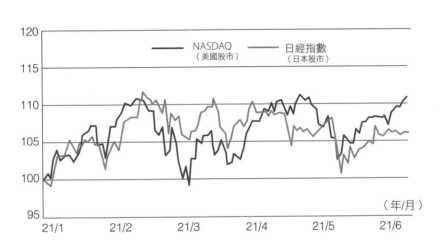

日經指數與那斯達克指數（**NASDAQ**）

資料來源：使用 QUCK 的數據，由 PICTET 投信投資製作。
以 2021 年 1 月 4 日作為 100 而予以指數化。股價以每日的收盤價計算。

此準確的再現性吧？接下來，我們要面對的敵人就要陸續
現身了，敬請期待。

不要看短暫的股價波動，要從過去累積下來的數據來
預測未來。

股票投資術：
最初的準備
占九成

全世界最簡單的
「億萬富翁戰略」

05

你也能有成為億萬富翁

先想像自己成為有錢人

　　從本章開始，我們要一步一步接近如何藉股票投資建立資產的核心課題。陸續會有一些專業知識登場，但我會一一詳加解說，請股票新手放心跟上來。

　　購買本書的各位，應該是抱著下列這種心情吧。

　　「雖然失敗了好多次，但我還沒放棄，還想用股票累積資產。」

　　「我想做股票賺錢，多少去除老後生活的不安。」

　　「可以的話，就算當不成億萬富翁，無法財富自由，還是希望每個月都有穩定的收入。」

　　當然，本書就是專為這種投資人寫的。

不怕各位誤解，我敢大聲說，**靠股票投資賺進幾個億，並非難事。**

或許應該說，不想當億萬富翁就太可惜了。因為，靠股票賺進上億圓的方法，就是利用再現性。所謂投資，無非是讓資產不斷倍數增加的一種遊戲罷了。

用股票賺進 1 億圓或 200 萬日圓，所付出的心力並無太大差別

在投資的世界，將 10 萬日圓資產變成 20 萬日圓，將 1 億圓變成 2 億圓，所付出的時間與精力、所運用的知識與技巧等再現性的力量，幾乎無異。

「咦？投入的金額完全不一樣啊？」有讀者會這麼問。但是，請你看仔細，**兩者都是將資金翻倍而已。**可以說，能夠將 10 萬日圓變成 20 萬日圓的投資人，只要持續將資產翻倍，總有一天能將資產擴增到 1 億圓。

就我的經驗來說，自力將資產突破到 1200 百萬日圓是

最困難的。不過，達到 1200 百萬日圓後，就能看清未來以大約兩倍的倍率陸續達到 2500 百萬日圓、5000 萬日圓，然後 1 億圓的成長脈絡。達到 5000 萬元之後，只要再重複一次，就能達成 1 億圓的目標了。

只要知道股票投資中將 10 萬日圓變成 20 萬日圓的再現性，接下來的工作就是不斷重複即可。人人皆有公平的機會成為億萬富翁。

重點是，**你要發揮想像力。**

華特迪士尼在一片荒煙蔓草的原野上，建立令人讚歎的巨大主題樂園。世界最大的賭城拉斯維加斯，當初也是建在荒蕪的沙漠裡。

只要能發揮想像力，想像在那裡建造一處廣闊的主題樂園或超大型飯店，就能成功地從無到有。

商務人士、實業家也一樣。「經營之神」松下幸之助的童年也是在貧困中度過，但他不斷積累一些小小的成功，透過經常想像商品和事業的未來性，終於將 Panasonic（舊松下電器產業）推升到世界級的大企業。

他們做得到，你沒道理做不到。只要能想像「我做得到」，那就萬事水到渠成。

先將 10 萬日圓變成 20 萬日圓。然後再腦中描繪具體的印象，不斷地累積小成功。

06

將獲利全部再投資
利用複利的力量

　　人人皆可成為「億萬富翁」──不好意思，前面讓大家有這樣的期待，但要成為億萬富翁，有幾個條件。

　　其中之一就是：**將獲利全部再投資。**

　　或許有人會覺得「好不容易賺到錢了，全部拿出來很可惜」，但別擔心，其實不把獲利全部拿出來投資才可惜。

　　因為每次都把獲利全部投資下去，如此重複，就能利用「複利的力量」累積大筆資產。

　　複利就是將賺到的錢、股利等再次投資下去，本金增加了，就能如滾雪球般地錢滾錢。各位在開始做股票時，一定看過下面那張圖吧，那就是利用複利的力量的結果。

運用「複利」獲利示意圖

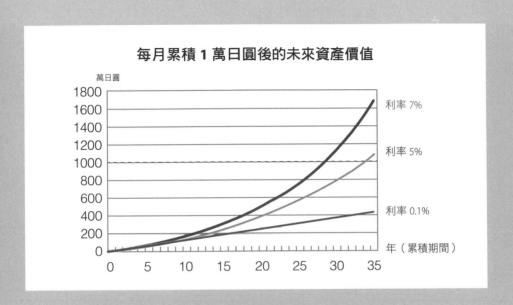

每月累積 1 萬日圓後的未來資產價值

萬日圓

利率 7%
利率 5%
利率 0.1%

年（累積期間）

年利率 7%，每個月累積 1 萬日圓的話，35 年就差了 約 4 倍 之多！

增加本金再投資就好了～喵！

反過來說，只要確實學會再現性，不斷再次投資，資產就能二倍、四倍、八倍地大幅增加。

要成為億萬富翁，就要將獲利全部再投資下去。

07

股市需長期持續投入並堅持
學習再學習，方能成為贏家

要成為億萬富翁，還有一條守則。

「**盡可能長期持續投資。**」這樣，你才能比其他投資人累積更多經驗。

這是理所當然的，當你用長遠的眼光看待投資時，你才能獲得壓倒性的巨額回報。

股票投資沒有全贏的，我到目前為止也還是會有許多失敗和損失（但已停損）。

但是，每次失敗後，我都會分析原因，檢視不再犯同樣失敗的進場時機，重新溫習後面第七章將介紹的「失敗備忘錄」並加以改善，於是就越投資越上手了。長期持續

投資能夠累積經驗，而這正是躋身億萬富翁之列的第一步。

汲取他人的成功經驗 與失敗教訓

除了累積經驗外，汲取他人的成功經驗與失敗教訓也很重要。

這部分我後面會再說明，基本上，**閱讀投票投資書籍應該很有效**。將他人所分享的成敗談，套進自己的經驗中，形成模擬體驗，就能進步神速。

閱讀時須把握一個重點：他人的失敗 → 套進自己的經驗中

我除了是一名股票投資家，也是一名作家，出版了許多本活用大腦科學的速讀、記憶書籍。

我有這樣的經驗，當我只是把書中文字上下快速瀏覽

過一遍，不但不會記住內容，事後也不能在我需要時派上用場。

派得上用場的是閱讀方式是「**將讀到的內容，代換成自己的經驗，尤其是失敗經驗**」。

光是快速瀏覽，書中內容就會顯得虛無縹緲，但是，你做好代入的準備後，你會邊閱讀邊代換成「如果是我投資的話」，進而能夠想像「這個時間點可以避掉風險」、「要是買這支股票就好了」，那麼作者的文字就能立即化為可用的知識，植入你的大腦中。

我稱這種知識為「**記憶再現的知識**」。

此外，將自己代入身邊的投資小故事，也會加深那些小故事的印象而留在記憶中。

「讀完並記住」很重要，尤其做股資的話更重要，但很多人都忽點了這點。

筆記下來放在身邊，邊讀邊交易的做法並不實際，因

為有時候你得分秒必爭、當機立斷。沒記住的資訊，無法及時為你的投資提供協助。

當然，本書也一樣。

關於閱讀投資書籍的有效方法，我在我的其他著作中有詳盡介紹。有興趣的朋友請務必搭配本書閱讀。

他人的成功與失敗經驗是最佳教材。透過模擬體驗能夠加深記憶，成為將來的資糧。

投資書籍這樣讀！

△完全不思考的人

◎邊讀邊思考自己
　狀況的人

08

經常逆向思考，
反大眾心理之道而行
看準市場的扭曲現象

接下來要介紹成為億萬富翁的最後一個要件。那就是我也利用到極限的投資戰略，在第一章也稍微提過的「**市場的扭曲現象**」。

要成為股市贏家，就要提早買進其他投資人尚未感興趣的股票，或是比其他投資人更早以高價賣出。

反過來說，**當你想用高價出售股票時，意味著必須有很多人想用高價買進你的股票才行。**

想從股票投資中獲利，就得「逆向思考」，反大眾心理之道而行，才能成為戰場上的贏家。請務必先確立這點

認知再投入股市。

購買扭曲現象消除時的
高配息股

　　了解第 48 頁介紹的市場扭曲現象後，如果能時時做好情緒管理，貫徹資金管理，用撿便宜這種穩當的買賣技術來選購股票的話，成為贏家並不難。

　　讓我稍微介紹一下我的做法。假設你要買一些價格被過度低估的股票，如果那些股票能獲得正確的評價而股價反彈的話，就能從中獲利。當然，這段期間，你也能獲得配息。

　　我的做法是，當市場發生扭曲現象時，我會分散投資一些事先選好的高配息股票，這麼一來，日後我就能獲得大筆配息。

　　我稱這種投資方法為「**高配息股多元分散投資法**」。

簡單說，就是將資金分散投入幾檔因市場扭曲而股價大幅貶值的高配息股，賺取幾年的配息。

當市場發生嚴重的扭曲現象時，有時連業績不錯的高配息股，股價也會不可置信地下跌。這種狀況下，你應當挑選出符合下列三項預期的股票：（1）將會持續增益、（2）有穩定的高配息、（3）股價會在扭曲現象消除後恢復水準；然後分散投資。

如何？像這樣，若能看出市場評價與真正股價之間的扭曲，然後在扭曲現象解除的過程中反覆買賣，就能成為一位相對穩健的投資贏家。本書的後半段，將會運用線圖詳加介紹這種投資方式的訣竅。

POINT

投資上有一大重點，就是解讀大眾心理。能夠解讀大眾心理後，一旦發現市場出現扭曲現象，就毅然決然地決勝負吧。

股市贏家的
神級共通點

務必嚴守「這三點」！

09

貫徹「買低賣高」
股市贏家的交易重點

本章將更加具體地說明具有再現性的投資術，即股市贏家都在實踐的要點。

股市贏家每天都在做相似的交易——**盡可能複製上次獲利時的時機與方法。**

沒其他特別的花招。他們就做這件誰都學得會的事，而且憑這個與別人的微小差異，賺得盆滿缽滿。

雖是微小差異，一旦套上金錢和欲望後，就會表現成天差地別了。

那麼，請教大家一個問題。

在你的心目中，能夠憑微小差異不斷致勝的「股票神人」是什麼樣子呢？

能夠輕鬆解讀各種艱難的財務報表的人？

能夠確實掌握外匯行情、經濟動向的人？

或是對每日的價格波動極為敏感，總是盯著好幾個電腦螢幕，像機器人般沉著冷靜地進行交易的人？

這些都是雜誌和電視上會出現的完美投資家。我剛開始投資股票時，也認為只有精通各種困難的財務資料，比別人知道更多股票資訊的投資家，才能從股市中賺大錢。

當然，這些人當中，一定有所謂的股市贏家。但是，我心目中的股票投資神人，其實非常簡單。

「買低賣高」、「高點時買掉，然後用增加的資金，於低點時買回。」 如此而已（做空則相反）。

「咦？就這樣？這根本不是我印象中的股市贏家啊！」我彷彿聽到讀者如此吶喊。

可是，歸根究柢就是這麼回事。再怎麼精通會計的人，

靠股票賺錢的法則就只有一個——「買低賣高」。

即便是精通全球經濟的金融專家，要是都在高點買進，低點賣出，根本不可能賺到錢。

反過來說，不是很懂會計、經濟的人，只要能夠「低點買進，高點賣出」，就能夠財源滾滾。

我心目中的股票投資神人，就是能不斷如此操作，精準再現的投資家。

專業操盤手恐怕半數以上不專業

同樣地，各位可能認為，桌上擺了好幾個電腦螢幕，不分晝夜做交易的人，就是厲害的投資家。不過，事實恐非如此。

電視的影響力果然強大。召募股市新手的股票沙龍、股票網站等，為了形塑當沖操盤手的形象，講師的背景肯定擺上好幾個螢幕。但我認為這完全是心理操作。

　　由於大家有「股市專家會同時使用多部電腦」這個先入為主的觀念，因此專門召募付費會員的網站，自然就是走這個路數。

　　不過，我明白地告訴各位，**螢幕的個數，與股票投資的專業度無關**。擺了很多電腦螢幕的人，應該是想一次收集到許多股票資訊，不然就是做當沖，專門賺取些微價差的投資人。

　　另一方面，即便準備了一堆螢幕，但無法一再重複買低賣高的人，絕對無法提高股票的致勝率。若是這種狀況，那些螢幕不過是投資人的障礙罷了。

　　如果要我給這些人忠告，首先我會這麼說：「功夫還沒練好之前，請減少螢幕的數量，才不會分散注意力。」、「一個螢幕都應付不來了，還要同時應付好幾個，實在不智。」

　　順帶一提，**我只使用一個電腦螢幕**。不過，我每個月的股票投資收入，最少都有數百萬日圓。這是為什麼呢？相信本書讀者已經知道了。

因為我永遠都在實現「低點買進、高點賣出」這個具再現性的交易方式。

完全沒必要學習困難的技術

所謂股票致勝的技術、技法，其實就是這麼簡單。

我的投資資歷是 23 年，但比我更資深、股齡長達 50 年的投資仙人，在全世界比比皆是，股票就是他們的日常，有人靠股票賺進 20 億日圓，甚至更多。

這些資深投資家的致勝方法都很簡單，就是「買低賣高」，如此重複而已。

當然，有些資深投資家會同時運用做空的技術，也有人偏愛「過渡融資」、「套利」等特殊技法。

但本書讀者實在沒必要明天就用上「過渡融資」、「套利」等技法，而且不學也沒差。因為就算想使用這些技法，前提必須是低價買進股票，否則根本無用武之地。如果不

能重複地便宜買進，就算學會「過渡融資」、「套利」這些技法，也絕對賺不了錢。

　　只要能確實做到買低賣高，根本沒必要學習那些困難的技術，因為利用再現性就是最簡單方便的投資致勝術了。

不要被股市高手的假象騙了。你要做的就是，老老實實地實踐「買低買高」。

COLUMN

女董座慣用的驚奇投資法

　　我認識一位女董座，她繼承父親的遺產後，開始投資股票。女董座興趣相當廣泛，每天忙得不得了，還開了一家美容診所，因此幾乎沒時間好好做股票。

　　即便如此，她買了任天堂等股票，賺進超過 1 億圓的資產，令人驚奇。

　　她可有什麼一擊必殺的絕技嗎？

　　每個人都很好奇，我也一樣。

　　有一天，我偷偷問她是不是知道某種穩贏的技術。她的回答，某個意義上，其實在我的意料之中。

　　「我根本沒時間做股票，所以，我只在一年大約會有

一次,在股價暴跌時買股票。」

　　女董座表示,比起股資股票,她更喜歡經營可以滿足興趣、讓人生更有意義的美容診所。

　　因此,她只在一年一次的市場扭曲現象出現時,以父親的遺產當資金,從帳戶領出來買股票。

　　換句話說,她並沒有相當的經驗與高深的技能,只是不斷「買低賣高」,不犯大錯,就能有巨額入帳。

　　或許有些讀者會懷疑:「怎麼可能?」

　　可是,請你摸著胸口想想看。你有信心能夠克服想快點賺到錢的焦慮和貪念,然後不斷重複地「買低賣高」嗎?

　　或許你覺得這是極其理所當然的小事情。但是,這就是股票致勝的最重要方程式。股票贏家就是不斷不斷重複這種人人都會的簡單招術,堅定不移地、永不厭倦地累積下去,然後獲得利益。

10

不去碰槓桿系的
投資信託、信用交易
股票新手最容易誤入的陷阱

投資老是失利的人通常都有某些盲點。

只要明白這些盲點，就能擬出對策。我接下來要說明
的幾個共通點十分重要，請務必看仔細。

例如，我們常聽到這類事，才剛開始做股票的菜鳥受
到推特等社交網站的影響，竟然去碰槓桿型的投資信託、
信用交易（融資、融券交易）。能成功就好，但在經驗不
足的狀況下，很容易失敗。

我常在研討會上說這些話。

股市菜鳥們通常都很期待看到股票資訊，但 3 個月後，一看到躺平不動的線圖就氣惱，半年後會因為網路上很多人「賺到錢了」的消息而感到不安。

1 年後，只要自己購入股票的價格沒波動，就會感到難受一整天——

我和各位一樣，也是這樣一路跌跌撞撞地走到今天。

有一段時期，我也衝動去辦了信用交易，結果手上的股票破產了，我在幾天內損失數百萬日圓。

要成為股市贏家，首先要做好基本功：**自律，控制欲望，徹底做好資金管理。**

然而，絕大多數的投資人都做不到，應該說，大家都想這樣做，但久而久之就把持不住了。

股民們受到價格震盪的刺激，一頭栽入，企圖藉此一攫千金，於是逐漸被宛如賭博般的不正常行情魅力給迷惑了。

這種投資人不會賺到錢。至於原因及改善方法，請你繼續讀下去就明白了。

　　不要隨著社群媒體上東一個、西一個的誘人資訊起舞。應先做好基本功，踏踏實實地投資。

11

分析出自己投資的盲點
發現錯誤，然後改善錯誤

股票致勝的方法很簡單，重點就在持續追求「再現性」。我就是在明白這點後，大幅提高勝率的。

不僅如此，**我後來回顧時，也變得更容易找出失敗之處**，追究失敗的原因。

為什麼？答案也是在致勝的再現性中。

在尋找解答之前，請讓我舉一個例子。

每位職棒選手都有各自拿手的絕招。不過，即便當上活躍的職業選手，還是有人會突然不知道怎麼打擊，投手則可能會突然不知該如何投球。

據說，那是因為在職業舞台，每一季都會有許多新上任的教練，給打者和投手許多建議。

　　教練當然都是出於善意，而選手也為了要在職業世界生存而全力以赴。結果，許多打者與投手就因為聽了太多建議，反而消磨掉自己原有的優勢。

　　之所以如此，原因之一是聽了太多建議後，動作和姿勢都變得太複雜，以致「到底什麼時候開始不對勁的，連自己都不知道」。

　　如果連自己都反省不出原因，就甭提改善和修正了。因此，為了日後反省時能修復自己的技法，**基本功還是越簡單越好**。

　　同樣道理也適用於股票投資世界。

　　用具有再現性的方法做交易，便能立即知道自己錯在哪，是不是沒控制好欲望、是不是在不對的時機用了不對的方法等。

　　正因為你是採用已經用過很多次的交易手法，你才能

發現這次的錯誤交易與之前有哪些「些微的誤差」。

而且能夠自己向自己解釋失敗的原因。這種用自己的話來解釋的能力，是實踐再現性交易所必備的。

▋「知道」與「了解」的不同

我經營兩家公司，而且我會對員工進行嚴格的指導，這種情形時下相當少見吧。指導員工時，若他們犯錯，我必會問他們：「請你說明你的錯誤在哪裡？」

當然，公司的主管會向我報告，而我經營公司將近 20 年，犯錯的原因大致心裡都有底。但我仍要求對方說明，目的是要知道他究竟了不了解自己的錯誤。

「知道」和「了解」，在我們「大腦中樞神經」的認知中是很不一樣的。

即便知道「犯錯」這個事實，要是不了解為何發生錯誤、發生錯誤的機制，就無法預防再次犯錯。

當然，犯錯的員工若沒認真思考犯錯的原因，不願去了解錯誤的來龍去脈，自然無法好好說明。

　　那麼就有可能用些無關痛癢的話來敷衍，例如：「因為我沒把這些事記下來。」、「以後我會確實做到『報告→聯繫→討論』。」

　　這樣是無法防止再犯相同錯誤的。恐怕一段時間後，又要重蹈覆轍了。

　　而**了解失敗原因的員工會很不一樣。**

　　他們會詳細說明錯誤產生的機制，例如：「我只在最後問對方對於我們的提案有沒有問題，沒問他對預算有沒有意見。

　　由於這個提案一開始就有預算問題，但我沒問我們的價格是否具競爭力，這點是我應該檢討的。」

　　能夠如此說明清楚後，應該就能主動提出對策，例如：「每次討論後，我都要直接或寫信詢問對方是否能接受我們的報價。」、「我會在適當場合，必要時先試探出有競

爭力的價格。」

　　能夠了解錯誤並擬出對策的人，會比只回答「沒做好『報告→聯繫→討論』」的人有更大的進步，並且能夠再現商談的成功經驗。

能夠化為言語，就能擬出防止再犯的對策

　　我之所以如此詳細地舉出生活中的例子，就是因為這個「將錯誤於腦中重現，並化為語言」的能力，是成為股市贏家的重要能力。

　　我稱此為「再現的言語化能力」。能夠用語言表達出來，表示已經知道犯錯的理由，也就能夠擬出防止再犯的對策。

　　反之，如果不能用言語表達出來，表示還沒弄清楚誘發錯誤的機制，以及產生錯誤的過程。

「為什麼我會不等大幅下跌再逢低買進呢？」
「為什麼我不能遵守規則，設好停損呢？」
「為什麼我要瞎聽網路上的訊息去買這支股票呢？」

只要做投資，就很難避免犯這樣的錯。不過，犯錯後，若能用言語將整個過程表達出來，日後的成績將截然不同；不是在行情暴漲時海撈一筆，而是在每一次普通的小交易中勝出。

各位能在犯錯後，將接下來的對策用言語表達出來嗎？
（請放心，此刻不能，但只要讀完本書，相信你一定可以
做得到。）

越能精準地用自己的言語將成功、失敗表達出來，就
越有可能完美地呈現致勝的再現性。

我再把重點說一次。**追求「再現性」，能讓你的投資
方法一百八十度大轉變。投資贏家與你的差別，就在這點
而已。**

誰都會犯錯、失敗。請學會一件事：犯錯後，將「為
什麼會犯錯？」用言語表達出來，然後自己向自己好
好解釋。

PART

4

初學者～
中級者必讀

投資專家的
「習慣術＆學習法」

12

休息也是一種投資策略
等待有利的進場時機

在進入「具再現性的股票投資」主題之前，最好先養成幾個好習慣——**想法**及**學習法**。否則無法妥善面對不測的事態。雖說如此，做法其實很簡單，請輕鬆地讀下去吧。

▌ 投資股票無需必殺技

我有一個畢生志業是經營 YouTube 頻道，每當我在節目中談股票時，總會收到許多粉絲的提問。其中有人正在努力學習連我都沒在用的艱難技巧，而且懂好多高深的知識，令人吃驚。

武術和運動也是如此，**一開始就模仿高段者的動作**，

並不會進步。

我喜歡鍛鍊身體，平時在練的有空手道、游泳、拳擊等。其中，拳擊是最重視基礎練習的一項運動。在拳館的拳擊訓練中，上勾拳、左勾拳、右勾拳這類進階技巧屬於基礎的應用招式，沒有進展到某個程度，是不會排入這類訓練的。

這裡說的基礎，指的是腳步的移動，以及與之配合的刺拳、直拳、身體的扭動等。每次都要反覆練到精疲力竭為止。唯有能配合對方的動作及出拳，反覆使出刺拳、直拳，同時不自覺地彎腰躲避後，才能開始練習上勾拳和左右勾拳。

當然，拳館的教練不會害你，這麼做是有明確理由的。

上勾拳和左右勾拳是欺近對方，進行一擊必殺的技巧。在此之前，你得拉近與對手的距離。而要拉近距離，表示你得連連使出刺拳和直拳，並且靈活閃避對方的攻擊，具有高度的危險性。

休息也是一種投資策略

股價目標達成！　　　　交易冷清……

↓　　　　　　　　　　↓

立即獲利了結　　　　休息（學習）

達到目標後，立馬獲利了結!!

交易冷清的時候就休息

劈哩叭啦

　　換句話說，比賽中的致勝招式基本上刺拳和直拳占了九成，那些大招，只會在連職業選手都會身陷危險邊緣的近距離時才使用。只要走錯一步，就會遭到反擊而輸掉比賽。

　　我要說的是，如果想利用股票賺錢，就要：「追求基本原則，容易賺錢就好，不要刻意使用不熟悉的技巧。」買的時機也一樣。

　　說得極端一點，假設現在這個時間點很難賺到錢，那就休息一下吧。

　　並非要你完全休息，而是退後一步，用俯瞰的視角來觀察股票投資動向。

▋「休息」也是一種投資策略

　　這句話套在股市投資上也很合適。例如，面對可獲利了結的局面，就持續「用投資攻略中設定的目標價格來出

售股票」。

　　我自己通常都是在買進股票前，先設定股價會翻倍。換句話說，**我只嚴選「股價可望翻倍的股票」**。股價翻倍的話，獲利可觀，可以早早入袋為安，因為就我的經驗，接下來會進入區間盤整[1]，股價多半會下跌。

　　因此，不要太貪心，先獲利了結，等股價下跌時再買進，如此重複操作幾次，就能有相當不錯的獲利。反而比較難以抉擇的是，日經指數大幅上揚後的局面，或是不太變動的盤整局面，亦即買氣差、成交量低的情形。

　　這種時候，往往不容易找到會成長的股票。不過，即便如此，**也要事先設定好自己的投資攻略，例如設定停利點，漲到這裡就賣掉**；否則太過隨心所欲，日後將無法檢視策略上的問題並加以改善。

　　如果真的找不到好的標的股票，請記住，我先前介紹過，我們散戶可以有一項選擇，就是「暫時休息一下」。

註解 1　區間盤整：股價在一定的價格區間內不斷上下浮動。

散戶常有種誤解，以為要頻繁地買賣股票才會賺錢。
但我認為，要看市場狀況，有時選擇暫時休息反而有利。

當然，若你是做多、做空皆拿手，而且經驗豐富的股
市老手，那就另當別論，但絕大多數的散戶都是越休息，
投資勝率越高。

總之，你得看準容易致勝的時機、運用容易致勝的方
法，並且不斷「再現」這套致勝模式，累積致勝經驗。當
你能夠持續在容易致勝的時機進行買賣，就能磨練出投資
技巧了。

請記住，股票投資世界中，不存在那些故弄玄虛的祕
技。

建立自己的致勝模式。當市場不適合你的致勝模式
時、市場冷清低迷時，乾脆休息一下，觀望並學習。

13

股市新手應從
小額投資開始
入門階段，基本功最重要

　　看準自己過去曾經致勝的時機點、期待值高的價格走勢及位置後進場。此時，還有一點很重要，就是小額投資。

　　最糟糕的是，新手往往還不了解期待值、再現性的重要性，卻一入門就下重本不手軟，最後慘賠，還賠得莫名其妙。這種狀況最是可惜。

　　股票新手可說前途無可限量，因此入門階段更該小心謹慎。就算你是股票投資天才，在入門階段人人都是初學者，都沒有基本功。

　　我們常看到很多人在不懂勝負的規則時，也沒學會做

好資金管理，一味追求暴利，以致身陷「驚濤駭浪」與「風險」中。

沒有人從一開始做股票就能一路都順風順水的。世上僅有少部分投資人，我是其中之一，能夠克服第一道門檻後，持續精進不懈，最終取得億萬富翁俱樂部的門票。

「要是我一開始就跌得很慘……」如今想到這種情況還會不寒而慄。

就這層意義而言，學習投票投資可說最一開始的階段最為重要。

不論哪種運動，在室內玩的飛標和撞球也一樣，剛開始大家都是笨手笨腳。股票投資新手也是，什麼都不懂的小白，怎麼可能一下就賺大錢。

此外，「因為手上突然多了一筆退休金」，而開始做股票的人最危險。

這種人雖在社會上是資深前輩，但在股票世界依然是

菜鳥。沒有經驗就一次大撒幣，只能靠老天保佑幫你留點老本了。

　　請記住，即便手上資金充足，入門階段還是應當「從小額開始」。

14

做好心理準備再投資
當致富的時機到來時，
風險也隨之而來！

　　我在本書一開始時提過，我的股票投資資歷是 23 年，而我經營公司的資歷也差不多將近 20 年。

　　我可不是掛名的經營者，我們公司聘用了數十名正式職員。或許是這個緣故吧，我常常說：「**股票投資和公司經營沒兩樣。**」

　　接下來我要分享的內容，是股票投資致勝的重要觀念，請務必仔細看下去。

　　除非是繼承家族原有的事業，否則經營一家公司，就要花自己的錢來雇用員工、製造商品，投資未來。

未來的事沒人知道。一旦投資下去，就是處在風險當中。即便如此仍要投資，是因為你做出了決斷：「富貴險中求，就算有風險，也要賺取大於風險的回報。」

即便失敗，也不會改變是你自己做出決斷的這個事實。

承認失敗，是下一次進步的動能。失敗的話，不但可能從存款變負債，而且沒人會幫你保護你的家人。

然而，正因為明白這些，經營者會變得比任何人都更有責任感。為了成功，廢寢忘食地學習，努力不懈地朝成功邁進。

▌輸家都是「想法太天真」

股票投資也一樣。我始終認為：「**投資者就是經營者，投資就是經營戰略。**」

此話怎講？好比國際知名的日本大企業豐田汽車，他們的社長不會自己組裝汽車。一個不組裝汽車的人，卻坐

領超過數億圓高薪，憑什麼？

　　或許有人覺得不公平，但他能領高薪，就是因為「經營者＝投資者」這個公式成立。

　　要花多少成本，生產哪一種車，什麼時候生產出來？
　　在哪裡建造工廠，作為生產據點？
　　工廠要雇用多少員工？
　　要多投資一點氫能源車，還是多投資一點電動車？

　　每天都得思考這些問題，並且當機立斷。

　　這些決斷與抉擇的結果，讓豐田汽車社長這位投資者獲得與成果相符的回報。

　　假設決斷與抉擇均告失敗，明天起就有可能資產化為零，一夕之間分文不剩。

　　這是我針對那些發出「投資者都坐在辦公室在吹冷氣，不勞動不流汗，憑什麼可以坐領高薪與分紅？不公平！」意見的人的回應。

投資者也是勞動者，他們獲得的不過是付出勞動的對價。

我認為，目前之所以有部分人抱持強烈的偏見，是受許多坊間理財書的影響，灌輸讀者一個不當觀念：「投資者＝不勞而獲者」。

這種想法太天真了，而散戶當不成贏家的原因之一，某個意義上與此相同，就是**把投資想得太天真**。

前面說過，投資與經營公司無異。容我說得嚴厲一點，打著「想輕輕鬆鬆賺點錢」的如意算盤，表示沒有做好成為一名投資者的準備，而且不會進步。

你必須有所覺悟，認認真真地看待股票投資，認認真真地用功學習。

投資者與經營者一樣，必須有強烈的責任感，勇於決斷。

15

富人都是讓錢為他們工作
投資並非壞事

　　日本還是有很多人對於投資懷抱著誤解與偏見。

　　他們有個根深柢固的想法：「投資是不勞而獲的！」、「輕輕鬆鬆賺大錢，豈有此理，應該提高投資受益的稅率！」

　　因此，明明很多人面臨醫療支出龐大、年金不夠用的危機，卻不願把錢拿來投資。而拿我們的錢去投資的**日本年金機構，其投資市場遍布全球，一年獲利 10 幾兆圓**（2020 年 12 月的數據）。

　　換句話說，就算我們討厭投資，我們將來要領的年金，依然持續在世界各地進行投資。

富裕階層必定實踐的「金科玉律」

當然，一開始我就說了，投資的獲利是「勞動與學習的對價」。如果你和我一樣把投資當副業，就必須利用工作空檔和休息時間做交易，並且用功學習。

我們運用我們的才智和成本，在工作之餘勞動以賺取薪資──漲價收益（資本利得）與配息（股利收入）。

這是資本主義社會的基本結構，而生活在這樣的結構中，我們必須思考如何在這個遊戲盤上創造財富。

當然，也有可能像法國大革命和明治維新那般，有朝一日資本主義走到盡頭，紙幣和股票淪為紙屑。話雖如此，但要預測這些並活在當下，根本比利用投資賺錢困難多了。

《富爸爸，窮爸爸》一書改變了世人的金錢觀，作者羅伯特‧清崎說過一句話：「中產階級以下的人是為錢而工作。富人則是讓錢為他們工作。」

我將這句話再翻譯成大白話：「有錢人也很認真打拼，

他們透過投資讓錢賣力工作，因而得以用超越一般人的速度創造財富。」

舉世皆然，這是通往富裕階層的黃金路徑，亦是成為富人的金科玉律。

地產大亨<u>唐納‧川普</u>年輕時期打了很多工，比誰都賣力工作。

世界富豪榜上有名的日本迅銷公司社長<u>柳井正</u>，是從鎮上一家小型家電量販店起家的。

<u>羅伯特‧清崎</u>在兩袖清風的時候，為了賺得投資資金，與妻子兩人住在車上好一段時間。

富裕階層都知道錢滾錢這個定律，他們的致富手段不靠別的，就是一再重複具「再現性」的投資罷了。

不過，這裡有一個重點：**有錢人絕不會說「賺錢很輕鬆」**。真正的有錢人都在持續努力賺錢。他們知道致勝法則，並且身體力行，付出比任何人更多的努力，直到可以不斷再現致富模式為止。

換言之，你在投資這個領域中努力打拼，換取的對價就是財富。無論工作或投資，都不可能輕鬆躺著賺。

你本身得努力工作，同時，也得讓你的錢為你工作。

16

多讀書，提高賺錢效率
謹慎整理出書中一再重複的
基本共通法則

▋ 買書的投資報資率高

誠如本書開頭說過的，我開始投資股票後，一口氣看了一百本以上的股票相關及投資相關書籍。品川車站前那家大型書局的投資專區，可說全被我讀完了。

如果你有預算限制，一本書算 1500 日圓的話，100 本書也只有要 15 萬日圓，50 本則是 7 ～ 8 萬日圓。如果嚴選出 20 本左右，了不起花 3 萬日圓。

想靠股票賺進數百萬日圓、數千萬日圓的話，老實說，這點錢是必要的支出。前面提過，投資者和經營者一樣，

想靠股票賺錢，當然得付出成本。

經營公司的話，辦公室、影印機等，全都是必要支出，是為了賺錢而必須付出的經費、成本。利用這些成本來賺取更大的利益。這是投資贏家都有的重要觀念。

不過，或許有些人有不得已的苦衷，無法準備這筆錢。如果你沒錢，不妨善加利用圖書館。有些圖書館的便民服務非常親切，只要提出需求，他們就會添購新書提供借閱。

重點是，**不要幫自己找藉口**。找藉口的人不可能成為投資贏家。

反過來說，如果你有這樣的好勝心，你就能贏過很多投資人。簡單說，股票獲利了結，就是把別人賠的錢，搬進你的存款帳戶裡。

股票投資同經營公司無異，那是一個戰場。聚沙成塔、涓滴成河，你所付出的小小努力，終將積累成致勝的泉源。

▌「投資初期」宜謹慎閱讀

為了已就戰鬥位置的各位，我將介紹我從資金僅 200 萬日圓的初期，直到現在實際實踐過來的股票投資書籍閱讀法。這些方法也可以應用在其他商業書籍上，請務必參考。

首先，閱讀投資用書、股票用書時，應注意一件事：**別一頭栽進困難的技巧和手法中。**

每個投資家的致勝招術、交易方法皆不同，說 100 個人就有 100 種方式，實不為過。

再說，個性、財力都不一樣的你，在不一樣的時機點投資股票，可未必能和別人一樣成功。

閱讀投資書籍時，你應特別注意的是，**作者的成功過程，即成為億萬富翁的過程。**

同樣都是賺 1 億日圓，每個人進場的時機不同，投資手法、致勝難易度也就不同。

● 小泉泡沫（2001 年～）時期投入股市者

　　像我一樣在 20 多年前小泉純一郎政權上台前投入股市的人，由於當時日本股市以機械股、銀行股為中心，徘徊於泡沫破滅後的最低點附近，只要敢於逆勢操作就會獲利。此後，一直到網際網路泡沫（dot-com bubble）破滅前，過高的 PER（本益比）成為判斷上的材料。

　　順帶一提，在即將介紹的雷曼風暴到來前，網際網路泡沫是戰後最大的暴跌，日本稱之為「黑色星期一再度降臨」。

● 安倍經濟學泡沫（2008 年～）時期投入股市者

　　2008 年發生美國雷曼風暴。隨後，在第二次安倍政權上台後的安倍經濟學泡沫中，受矚目的股票、乘風破浪的方式等，皆起了莫大變化。

　　「買低賣高」這個勝利方程式依然沒變，變的是新興股、東證的新興市場「Mothers 股」氣勢如虹。

此時，由於安倍政權打出 IT 政策及雇用促進政策，使得在 Mothers 上市的許多遊戲公司及人才介紹公司紛紛漲停。而且，安倍經濟學有兩次的上升格局。只要第一次在高點賣出，提高現金部位，之後逢低再次買進，就能將資產有效地滾賺兩次。

　　在這上升格局，**還誕生許多股價漲成十倍的「十倍股」**，在我的市場經驗中，這算是我資產漲幅最大的時期。

　　我在小泉泡沫時期累積的數千萬資產，在安倍經濟學的兩次上升格局中，一口氣膨漲到近 3 億日圓。當然，除了我以外，也誕生了很多億萬富翁。

　　另一方面，也有不少投資人過度自信，濫用信用交易而一夕之間血本無歸。

● 新冠疫情爆發後的「金融狂熱行情」（2020 年～）時期投入股市者

　　始於新冠疫情爆發的上漲行情，又稱「金融狂熱行

情」。為了保護失業者，美國等世界各國紛紛擬定慷慨的
補助金制度，由中央銀行實施戰後最大的貨幣供應（資金
挹注）。

大量印製的鈔票投入市場，造成股價暴漲。其中，以
**美國股價的上升最為驚人，再搭上日本政府為培養投資人
而推出的「NISA 免稅制度」**，造就空前的股市熱潮。

這段時期，市場上出現很多與美國股票指數連動的投
資信託商品，吸引日本投資人開始投資，其中不乏年輕族
群，風風火火地掀起睽違數十年來的投資熱潮。

其實不只美國股市，日本股市也一度從一萬六千點大
幅上升至超過三萬點。換句話說，這段時期，不論投資美
股或日股，只要沒弄錯「買低賣高」的時機，人人都能賺
大錢。

進場時機不同，投資人的技巧與選股方式也應隨之改
變。因此，即便某些作者在書上的炫技十分吸引你，也不
代表你能運用自如。因為你們的戰場等級不同，資金量、
技術量也不同，無法保證那些技巧能套用在你身上。

「偷學」書中的共通法則

那麼，讀書沒用嗎？不是的。關鍵在於「閱讀方式」。這裡一樣要請你聚焦在「再現性」。

我們閱讀股票書籍時，應特別看重所有書上均提到的共通法則。找到每一本書上都有提到的規則性後，再把它們納入你的投資手法中。

我讀了一百本以上的投資書籍，從外國翻譯書、有日本股神之稱的大師著作，到當沖專書等，我發現「每位作者的成功經驗皆不同」。

但是，這些成功經驗有一些規則性，它們頗為相似，多半是在重複相同的事情。

成功投資家皆重視的共通法則，不會因你的投資級別、資金量等問題而不適用。我發現這點後，就從 100 本以上的股票投資書籍中找出共通的「致勝法則」，沉浸其中，邊畫線邊實際嘗試，然後納入自己的投資方法中。

　　找出一百本以上書籍的共通法則。我認為只要能確實再現這些法則，定能縱橫股市，無往不利。結果一如所期，從此我獲利穩健，大大減輕迷惘與不安。

　　各位在閱讀股票書籍時，切勿只看個別的華麗技法或故事，應好好學習所有書中共通的原理和原則。

　　各位閱讀本書，等於是把我花了 **23** 年時間與成本收集到的這些共通事項、法則、致富的原理原則全部入手了。

　　而這就是我將書名定為《致富贏家只做「這件事」》的原因。為時不晚，請各位好好一個一個學下去吧。

　　投資書籍多如牛毛，但裡面有許多共通的「致勝原理原則」。請將這些共通法則納入自己的投資手法中。

17

以愉快的心情快樂學習
符合大腦科學的資訊輸入術

前面介紹許多股票致勝的重要習慣與學習方式。當然，若是一味苦讀，很容易半途而廢，因此，用功學習之餘，保持輕鬆愉快的心情是很重要的。

大腦科學實驗證明，當大腦處於愉悅的狀態時，學習效果較佳。

例如：

「透過股票投資，我可以掌握自己的人生。」

「我就是這間公司的股東。」

「我想要成為更多公司的股東，所以我要將這次學到的東西，好好運用到下次的投資上。」

單純只是這樣想，是不是心情跟著興奮起來了呢？

其實我自己開始投資時也是如此。每當我在街上看到我持股中的三菱重工業、富士通的招牌時，我就想：「啊，我是這家公司的股東呢。」於是心情大好。

反正都要學，不如快樂學習更有效率，何況大腦科學告訴我們，積極正向的心情能夠激發行動力。但是也別忘了，投資失敗的責任完全在自己，自己的鍋要自己扛。

唯有建立「投資是一種經營」的正確觀念，才能日日紮實地打磨投資技巧。

一切的行動、決斷，完全是自己的責任。這是成為股票投資贏家最起碼的原則。請務必做好心理建設。

學習股票投資很辛苦，有時挑戰十分嚴峻。但仍要保持興致，樂在其中。

18

不要瞎跟風，
要追求永久的勝利
賭博這玩意，沒有值得努力的再現性

最後，我為本章做個總整理。我在「前言」中說過，投資是投資，與日本競艇、賽馬等完全不同。

老實說，如果你是屬於容易沉迷於賭博的人，就必須先學會克制自己、保持冷靜，否則難以成為股市贏家。正因為股票投資是一門生意，你必須考量適性與否的問題（請放心，第七章會說明方法）。

股票的致勝方法具有再現性。同樣地，股票失敗也有再現性。

假設你在朋友的慫恿下到賽馬場買了馬券，希望能獲

得百倍以上的彩金。然後拜「新手幸運」之賜，你第一次
買的馬券真的變成贏得百倍彩金的「萬馬券」。朋友好生
羨慕地對你說：「你怎麼辦到的？教教我嘛，我也想要中
萬馬券呢。」

這時，你會怎麼回答呢？大概只能回答：**「純粹走運啦，
中萬馬券這種事哪能複製得出來。」**

一如「前言」中提到的，中萬馬券的機會純屬偶然。
或許在賽馬迷的眼中，可以從馬場環境、馬匹的體格、當
天的氣候等狀況來判斷會勝出的馬。

然而，持續獲勝的關鍵不在一時的交易，而在是否具
備可重複運用的「再現性」。從這點來看，賭博根本毫無
再現性。

▌ 股票投資致勝的兩大鐵則

那麼，股票投資的情況又是如何呢？或許你覺得股票
投資也無再現性可言。但是，錯了。只要謹守「致勝鐵

則」，不論哪支股票，就算是剛進場的股市菜鳥，都能輕鬆提高致勝的再現性。

請回想之前介紹過的兩大鐵則。

鐵則 ❶ 「買低賣高」

首先是「買在低點，賣在高點」。

雖然我已說過多次了，請容我再次解說它的效果。順帶一提，投資沒有百分百絕對的，**就再現性而言，「買低賣高」這項鐵則，從長期來看會比短期表現更佳。**

例如，左上圖為美股具代表性的標準普爾 500 指數「S&P500」於新冠疫情後的股價線圖。如你所見，疫情爆發後股價跌至最低點，隨後便快速推升。

同樣地，如果在雷曼風暴後的最低價買進日股，那麼之後在安倍經濟學泡沫的上升行情推波助瀾下，幾乎所有股票都迎來走高的局勢。

在新冠肺炎疫情時買進股票的話……

美國股票（**S&P500**）

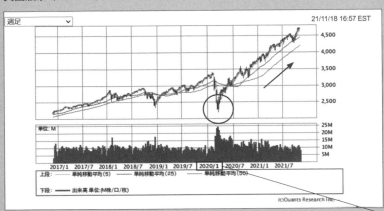

日本股票（日經平均指數）

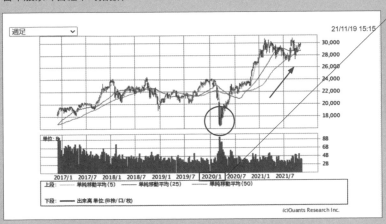

2020/1

資料來源：SBI 證券（2021 年 11 月 19 日）

像這樣，若能在人心惶惶而拋售股票的時機點勇敢挑選個股買進，拉到中長期來看，就能看出「買低賣高」的再現性效果了。

以個股來說，應先挑選出比眾人早一步看出世上不可或缺的業務、挑選好的公司，展開布局，並且日後極可能持續成長的企業，然後**逢低買進**。

或者，在股價暴跌而人心惶惶，爭相拋售持股時，選定業績、財務皆穩健，卻受到同樣壓力而被拋售的股票，然後以低價買進。

若能在這種急跌、崩盤時「撿便宜」，日後就只要等待市場成長，投資人回籠，然後一點一點出售持股即可。

鐵則 ❷ 利用市場的扭曲現象

我說過，當市場或股票價值受到不合理的對待時，市場就會產生所謂的「**扭曲現象**」。其實，**就連市場扭曲現象的發生頻率，也都有規律可循。**

　　具體狀況我後面會再詳加解說，只要趁扭曲時低價買進，但不要價格上揚就急著一次獲利了結，而是分批出售，例如每次出售 100 個單位[1]。這種交易方式雖然不夠炫，但我經常運用，而且**目前勝率超過八成**。

　　儘管只是淡然地重複這個買賣動作，但因為市場扭曲有其規律性的波動，只要能順勢搭上浪潮，就能有相當不錯的成績。

　　市場出現扭曲現象時，股價之所以下跌，原因就在許多投資人感到恐慌而急於脫售持股。反之，股價之所以上漲，原因就在大家認同股票原本應有的價值而紛紛買進。當股價上漲到超出其真實價值的時候，就是金融泡沫的賺錢良機。

　　就在許多投資人忍痛拋售，或是利慾薰心而急著高價搶購時，請你冷眼旁觀，悄悄地、穩健地逢低買進。請你如獅子般，隱身靜待獵物出現。

註解 1　日股交易單位依個別公司而定，通常一單位為一百股。

要成為股市贏家，你必須不斷追求這種再現性：（1）買低賣高、（2）利用市場的扭曲現象。

—

　　為了改變各位對股票投資的成見，我不斷反覆說明再現性的重要。相信你已經有正確的概念了才對。

　　除此之外，從我的投資經驗來看，我認為只要知道了股票投資的再現性及交易模式，就能助你投資獲利。

　　下一章就要進入實踐篇。我將介紹我目前仍在使用、具有高度再現性的交易方式及技術指標，請各位準備好筆記了。

　　股票股資不是賭博。請謹守兩項具再現性的守則：（1）買低賣高、（2）利用市場的扭曲現象。

PART **5**

交易手法：
再現性的運用
與實踐

變身億萬富翁的實踐方程式

19

實踐「買低賣高」
結果不如預期的幾種原因

接下來，我將介紹幾種我實際使用的交易模式與「技術指標」。只要知道這些，就能利用其再現性來提升投資績效。

「技術指標」是投資人在做「技術分析」時所使用的指標。而技術分析則是將價格、成交量的變動情況繪製成圖表，藉以預測將來的價格走勢。

具體而言，趨勢分析、K 線分析、成交量分析等，都是眾所周知的技術指標。

各位沒必要去記分析師在用的艱澀術語及手法。儘管如此，本章的內容或許有點難，但如果你在前面章節已經轉換好心情了，相信你應該很容易理解才對。

投資不如預期的３種常見原因

我說過，股票投資的致勝鐵則是「買低賣高」。不過，部分投資人明明遵守這項鐵則，結果卻不如預期。

失利的原因恐怕不出以下三種。

原因 ❶ 腦中只想著一定要買股票

許多人開始從事股票投資後，總會擔心：「我手上沒有持股，是不是虧大了？」這種硬是要入手股票的毛病，正是股票投資上的一大陷阱，因為他們誤以為「投資＝買進」。

有這種自覺症狀的人，別再只想著買股票了，請將本書介紹的「等待時機」納入你的投資戰略中吧。

原因 ❷ 沒選到「會上漲的股票」

就算股價再便宜，要是不能上漲也賺不到錢。請先分

析該公司的財務狀況及事業前景，嚴選「會上漲的股票」。很多投資人似乎不擅於財務分析，那麼請鎖定本章第 159 頁的三大重點。

原因 ③ 買錯時機

第三種原因是瞄準低價，但買錯時機。

即便撿到便宜，但從一年、五年的線圖來看，依然算是買到高點。這種事所在多有。請好好學習本書介紹的線圖分析法，快狠準地買在低點。

實踐致勝法則後
依然失敗，該如何改善？

有以上三種症狀的投資人，其投資方法肯定不具備可持續致勝的再現性。

不具備再現性的投資方式，不僅未確立致勝模式而容

易一再犯錯，也無法發現錯在哪裡，自然難以修正軌道。

股票投資並不存在所謂的一擊必殺交易法。不過，只要你能勤勤懇懇地吸收知識，取得再現性，累積經驗，耐心等待良機，你就能有所突破，贏得良好的成績。

如何改善投資方式呢？我的建議是：**從大局看市場行情。**

市場行情會「波動」，有一年周期、三年周期、五年周期，乃至十年周期、三十年周期，追求利潤的投資人會充分了解每個周期的再現性，並且學會在同樣時機進場的技巧。

這種捕捉行情轉捩點的再現性十分重要。當然，本章會詳加解說操作方式。

要成為「股市倖存者」，得學會最大限度地減少失誤

前面提過，明明遵守「買在低點，賣在高點」的交易

原則，卻還是輸，原因就在你不是買在低點，但你以為你買在低點了。

「你得先活下來，然後才能賺錢。」這是有「金融大鱷」之稱，在投資市場翻江倒海，甚至驚動美國政府的喬治‧索羅斯的一句名言。

你得先活下來。為此，你必須掌握具有再現性的投資方法。散戶的利益源頭無他，就是進場時機。

那麼，如何聰明進場？答案是：「耐心等待，直到出現致勝期望值很高的局面」。因為那些高深的技法和數據分析，都是之後才會派得上用場。

機會不來，絕不進場。等待出現高再現性的期待值。耐心等待，直到時機來臨再進場。請務必貫徹到底。換句話說，要成為「股市倖存者」，表示你得最大限度地減少失誤。

為此，你不能光用瞬間的「點」來看機會和風險，而是要用可顯示時間過程的「線」來觀察，再搭配可顯示整

不是看點，而是看線和面

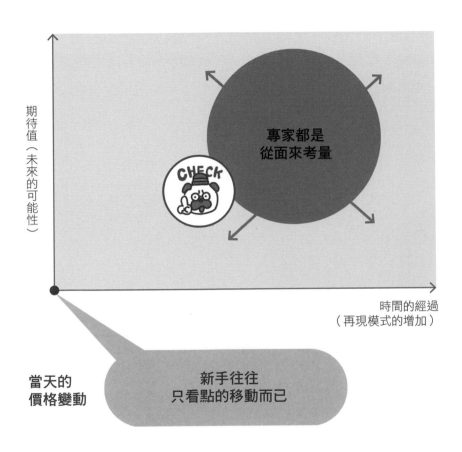

體市場波動強弱的「面」，才能捕捉到正確的趨勢（如上圖）。

利用股票市場的模式和扭曲現象時，同樣不能從「點」看，而是從「線」和「面」來做全盤考量。這就是我們散戶致勝的交易方式。

不是從點，而是從線和面來觀察市場，才能將失誤減到最低。

20

美股市場有走跌時期
與走揚時期
買股票前，先觀察美股走勢

　　前面提過，美國股票的經濟與股價，都會大大影響到日本股票。你知道美國股票有明顯的規律性嗎？

　　請各位再看看第 49 頁介紹的過去 30 年（1991 至 2020 年）美股代表性指數「S&P500」的各月漲跌率。經過七月的上漲（夏季反彈）後，8 月和 9 月會出現大幅盤整。

　　日本股市有「夏季淡月」的說法，普遍認為是受到夏季賣壓增強這種季節性（異常現象）的影響。

　　看第 49 頁的圖表便能一目瞭然。

股價在夏天會大幅下跌，然後從 10 月後到年底，會上演一波上漲行情，稱為「年終反彈」。

接著隔年 2 月後會再度下跌，直到企業開始決算的 4 月，又會大幅上揚。

為什麼會有這種現象呢？有種說法是：在世界金融中心華爾街工作的證券人員，會在公司發年終獎金前先行獲利了結，以爭取考核獎勵。

另一種說法是：很多外國投資人會在進入漫長的暑假前先結清持股。不過，真正的原因未知。

30 年的數據揭示「買進時機」

話說回來，我們可以利用累積 30 年的數據，觀察股市走向並擬定對策。分析這些數據，我們會發現一種規律性：「夏、秋時節股價處於低檔時，正是進場良機」。

但你得留意，並不保證今後美股仍會繼續保持這種規

律性，也不保證日股會一直與美股保持連動關係。

你要做的就是，記住美股和日股都有這類於特定時機獲利了結或大舉買進的傾向。

看 30 年的數據，就能輕鬆看出美股的最佳買進時機。

21

以「利率 × 景氣」的動向，分類成四種模式

選股神器「類股輪動羅盤」

　　所謂「類股輪動羅盤」，就是如右圖般的一種關係圖，能幫助投資人看出與利率、景氣走向連動的產業表現。

　　我們從羅盤的左上方依序看起。當利率低、景氣好時，金融股與高科技股將受到矚目；當利率維持在低檔且人們對景氣開始沒信心時，不易受貿易收支等數字影響的內需相關及基礎建設類股，諸如通訊股、醫療保健股、生活必需品股、公共事業股等，就會受到矚目。

　　反之，景氣表現佳且利率升高時，工業股、原物料股等景氣循環類股將走強；當利率居高不下且整體景氣疲軟時，具資產避險特性的能源股將受到矚目。

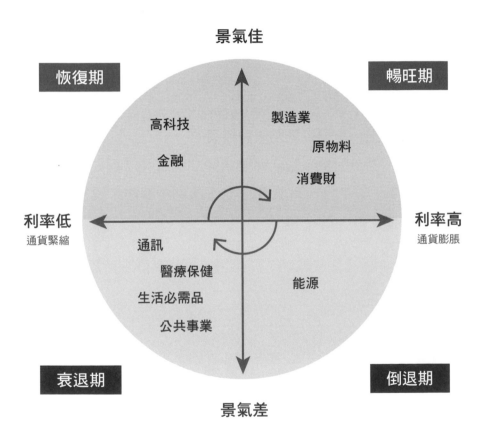

類股輪動羅盤

景氣佳

恢復期　　　　　　　　　　暢旺期

高科技　　　　製造業
　　　　　　　　原物料
金融　　　　　　消費財

利率低　　　　　　　　　　　　　利率高
通貨緊縮　　　通訊　　　　　　　通貨膨脹
　　　　醫療保健
　　　生活必需品　　　能源
　　　　公共事業

衰退期　　　　　　　　　　倒退期

景氣差

資料來源：請補翻譯

一般來說，股票市場是以順時針方向進行這四大板塊的循環。

　　這專為美股市場而做的分析，未必能完全套用在日股上，但是絕對可以作為參考。

　　投資日股的我，都是採用以下兩種方法。

　　（1）配合美國景氣循環做投資。

　　（2）區分對象，靈活移動類股間的資金（例如：景氣佳且利率上升的話，就把資金從恢復期的類股，移至暢旺期的類股）。

　　這就叫做「類股輪動」（第 166 頁將有詳細解說）。

新手在選股時，宜先參考類股輪動羅盤所示的
循環狀況。

22

利用再現性的致勝方式 ④ 線圖分析

注意線圖上兩條重要的「心理防線」
股價波動顯示大眾心理狀態

各位都是如何預測上漲中的股票會漲到什麼程度呢？

我們看一路直飆的線圖，感覺像會無止境地衝上雲端，反之，開始走跌時，又覺得像會溜滑梯似地墜入無底洞。

這種時候，「高點阻力線」與「低點支撐線」能夠幫助我們投資人做判斷。

高點阻力線，又稱壓力線，是將過去一段時間內，股價最高點與最高點連結起來的水平線，英語為「Resistance Line」，只要股價漲到這個水準，就會形成一道心理障礙，導致投資人的賣壓增強。

為什麼會出現這種心理上的阻力呢？眾說紛紜，但我認為有兩個原因。

案例 ❶ 「保本脫手」的連鎖效應

過去，買盤和賣壓勢力曾在這裡激烈交戰，因此被套在這個高點的投資人會開始進行所謂的「保本脫手」[1]，造成下行的賣壓沉重。

案例 ❷ 成就感產生的買賣心理壓力

即便股價恢復，甚至大幅上漲，可一旦漲至上一波行情的頂點，投資人會立即產生心理上的成就感、滿足感，開始慢慢出售持投「獲利了結」，股價便受到壓抑而走跌。

這兩種原因應該都沒錯。**股價本來就是大眾決定的。**

註解 1　保本脫手：指股價不符預期而走跌後，當好不容易又重新站上當初的買
　　　　進價格時，投資人便以保本的心情及時出售持股，求個不賺不賠。

認識兩條「心理防線」

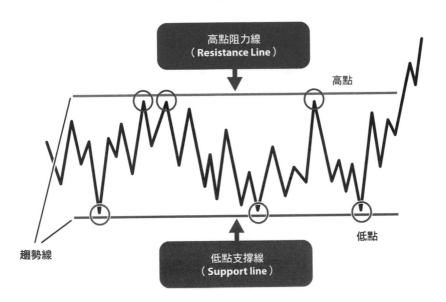

大眾心理意識到阻力線與支撐線，便會形成一種股價走勢。

順帶一提，與阻力線相對的是支撐線，是一條將過去一段時間內股價最低點與最低點連結起來的水平線，英文叫「Surport Line」。而將幾個高點、幾個低點分別連結起來以顯示價格走勢的直線，就叫做「趨勢線」（Trend Line）。

何謂「低點阻力線」？

熟能生巧，關於這些線的畫法，請參考「川崎重工業」的線圖（右頁）。

從這張圖，我們知道低點支撐線是畫在2300日圓附近。股票若以這樣的低價賣出，很可能湧入一波購買潮，造成價格反彈。

像這樣，低點支撐線就會變成強力的低點阻力線，但股價若是因為某種原因而強勢突破這條線，通常會暫時進

股價由大眾決定

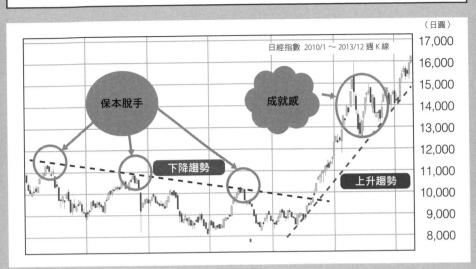

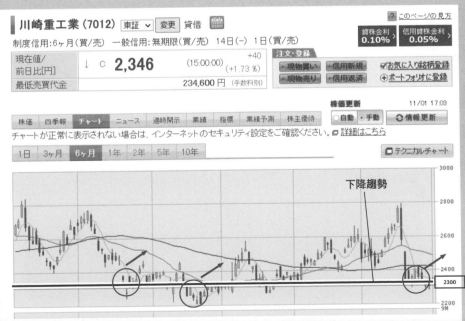

資料出處：樂天證券（2021 年 11 月 1 日）

入盤整局面。此時別急著買進，最好觀察一段時間等待築底完成。

如果後來超越低點支撐線而再次反彈，並且持續飆升，就可以瞄準該股的進場時機。

利用「高點阻力線」與「低點支撐線」來預測股價的漲跌。

23

利用再現性的致勝方式 ⑤ 趨勢分析

挑選容易掌握趨勢的個股
「區間盤整（箱型整理）」的特徵

　　如前一節所述，每支股票的價格波動不盡相同，但我們都可以藉線圖上的軌跡，相當程度地掌握其波動傾向（趨勢）。要利用再現性，就要善加運用這個股價波動趨勢。

　　掌握線圖的趨勢十分簡單，人人都學得會，且與經驗無關。具體的方法就是利用「**當價格漲到高點阻力線附近就容易開始走跌，當價格跌至低點支撐線附近就容易開始反彈**」這個特性（下一頁圖）。

　　這種狀況稱為「**進入區間盤整**」，或是「**箱型整理**」。

　　下頁為汽車製造商「速霸陸」（SUBARU）的線圖。

區間盤整示意圖

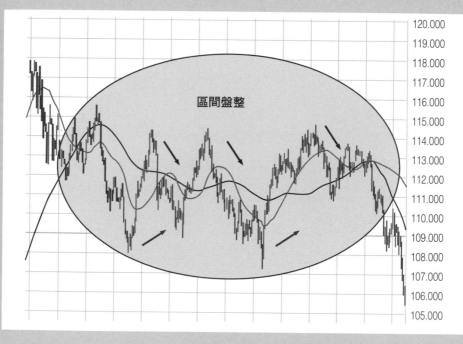

區間盤整

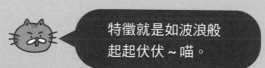

特徵就是如波浪般
起起伏伏～喵。

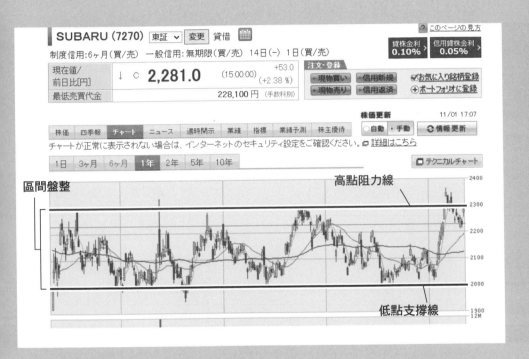

資料出處：樂天證券
（2021 年 11 月 1 日）

如各位所見，上圖是一張年線圖，股價在 2300 日圓到 2000 日圓之間盤整。在這個區間內，即便只是小額地反覆買賣，也能有不錯的獲利。

▍趨勢是具變動性的

　　這種再現性未必會以絕對相同的模式發生。

　　當股價漲破阻力線或跌破支撐線時，表示已經轉換成另一波新趨勢了。

　　當新趨勢產生時，就要重新再畫阻力線和支撐線。只要仔細觀察過去的線圖，即能明顯看出新的阻力線和支撐線。一旦找出新趨勢，就要以新線條為參考，重新進行具有高度再現性的交易。

　　如果無法找出新趨勢，那麼千萬不要執著而深追下去，應該另尋其他容易掌握趨勢的股票才對。

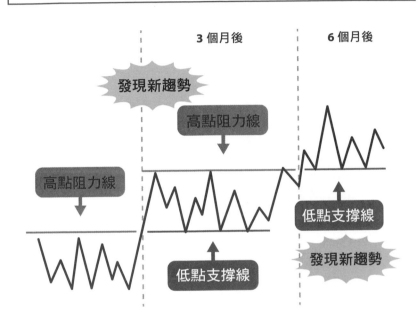

定期畫出阻力線和支撐線

3個月後　　　　　6個月後

發現新趨勢

高點阻力線

高點阻力線

低點支撐線

低點支撐線

發現新趨勢

POINT

趨勢時時刻刻都在改變。請根據線圖的變動狀況，重新畫出高點阻力線及低點支撐線。

24

歷史上的大崩盤也有規律性

顯示崩盤預兆的「興登堡凶兆」

各位知道「興登堡凶兆」（Hindenburg Omen）嗎？

這是一種具有高度再現性的技術指標，由美國物理學家吉姆・米耶卡（Jim Miekka）發明，能夠用它來捕捉極其罕見的「崩盤預兆」。

1976 年上映的賣座電影《天魔》，英文片名為「The Omen」，意思就是「壞事來臨前的預兆」。

投資人認為興登堡凶兆可以示警道瓊、標普等美國股市的股災前兆，因此只要它一出現，就會被當成崩盤警訊而成為各新聞媒體的熱門話題。

出現興登堡凶兆的「四大條件」：

條件 1　在紐約證券交易所（NYSE），當創 52 週新高的股票以及創 52 週新低的股票，其數量同時超過當日上漲、下跌股票總數的 2.2% 以上。

條件 2　NYSE 綜合指數的 50 天移動平均線呈上升趨勢。

條件 3　顯示短期漲勢的麥克連指標（McClellan Oscillator）出現負數。

條件 4　創新高的股票數目不超過創新低股票數的 2 倍。

據說，興登堡凶兆一出現，便會發生下列三種狀況的任何一種。

【興登堡凶兆示警三種狀況】

1 紐約道瓊指數下跌超過 5% 的機率達 77%。

2 出現恐慌性拋售行為的機率達 41%。

3 嚴重崩盤的機率為 24%。

多怵目驚心的數字啊！

這是用美股市場的數據判斷出來的，當出現第 151 頁所載的 4 個條件時，興登堡凶兆的警示燈便會亮起。其實沒必要記這些艱難的內容。

我們這種投資個體戶可隨時利用 eWARRANT JOURNAL 經營的網站「今日交易指標」（本日のトレードインディケーター」）來確認是否出現崩盤警示（P155 圖）。

而我自己是當在股市持續景氣熱絡時，意識到「我是

不是有點得意忘形了」、「我好像投入太多資金了」時，為了找回緊張感而會上這個網站確認一下。

▌崩盤警示燈亮了也無需過度恐慌

「興登堡凶兆」幾個字聽起來很像奇幻遊戲中，主角所使用的終極魔法，但沒必要過度恐慌。

簡單說，興登堡凶兆就是將行情走向過度偏移的情況予以數字化，並摻雜了投資人情緒、對整體市場前景過熱的一種訊息。

換句話說，興登堡凶兆是一種指標，提醒我們留意那些光從股價指數無從得知的投資人心理變化。畢竟人心是無法從一般的數字上看出來的。

▎出現警訊後該怎麼辦？

既然興登堡凶兆是當整體市場過熱時，或是個人投資者買太多時所出現的警示，那麼一定有人認為：「因為它是在人們投資過熱而股價容易轉跌時出現的警訊，準確率當然高。」我也同意。

只不過，一如我先前說過的，**在股票投資世界中，我們需要有個能讓我們踩煞車的東西**，否則，就算我們得意忘形了，也不會有人管我們。

至於究竟是警訊亮起導致市場走跌，或是市場過熱後走跌而讓警訊亮起？這是個先有雞或先有蛋的問題，我想大家只要將它當成一種參考指標就好。

編注　台灣可以參考國發會網站提供的景氣循環燈號，類似交通號誌，具5種不同色燈代表景氣熱絡度的指標，目前由貨幣總計數、股價指數等9項指標構成。5種燈號分別是紅、黃紅、綠、黃藍、藍，由高至低，紅燈表示景氣熱絡；黃紅和黃藍燈均表示景氣可能轉向，須密切觀察；而綠燈表示景氣穩定，藍燈表示近期景氣低迷。

「今日交易指標」（本日のトレードインディケーター」）

🕗 2021 年 11 月 1 日 08：10　🗁 市場評論　👤 CAICA 證券

eWARRANT 證券投資資訊室根據其特有的演算方式，提供免費投資資訊。

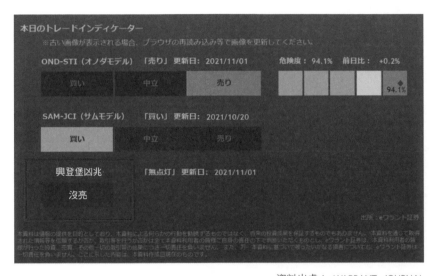

資料出處：eWARRANT　JOURNAL

根據理財專家們的建議，當興登堡凶兆的警訊出現時，可以採取以下投資戰略，請務必參考。

【出現興登堡凶兆時的投資戰略】

（戰略1）將已經大幅獲利的股票全部或半數出售。

（戰略2）提高現金持有率，靜待崩跌。

（戰略3）在盤整階段，分批買進看準的股票。

有備無患。請先想好發生興登堡凶兆時的對策。

25

善用 RSI 的交易手法
一眼看出「超買」或「超賣」

　　RSI 是一種技術分析指標。是取英文全名「Relative Strength Index」首字母的縮寫，譯為「相對強弱指標」。這又是一個艱澀的術語，但無需害怕。它是用來判斷「超買」或「超賣」，也是我所知道最方便的一種指標。

　　RSI 的計算公式為：

　　（一定時間內）漲幅平均值 ÷〔（一定時間內）漲幅平均值 ＋（一定時間內）跌幅平均值〕× 100

　　表示方式為 0 ～ 100%。一般來說，**70 ～ 80%** 以上為超買警訊，**20 ～ 30%** 以下為超賣警訊。如此簡單易懂，正是 RSI 受到很多投資人愛用的原因。而且 RSI 與其他的技術指標不同，只用一條線就能計算出來，連股票小白也

能輕鬆上手。

不過，即便計算出來的數字觸發「超買警訊」或「超賣警訊」，結果什麼事也沒發生的情況仍所在多有。因此，我都是把它當成補充資料，幫助我更精準地算出最佳買賣時機。

以上是我實際參考並應用於日常股票交易上的技術分析指標，它們皆具有高度的再現性，而且簡單方便，很適合個人投資者使用。

當然，每一種方法皆有優缺點，並非萬能。重點是，你應該搭配使用幾種技巧及技術分析，再根據你的經驗做出最後判斷。當你經驗越來越豐富，能夠全盤考量，做出綜合判斷後，你自然能精準掌握股票致勝時機。

很多投資人愛用的 RSI，相當適合股票新手，各位不妨多加利用。

26

找出買到賺到的股票
重點在「收益性」、「持續性」、「確實性」

接下來，我想大致上介紹一下股票的「**基本面分析**」。

「**基本面分析**」就是「上市公司的財務分析」，換成家庭的話，就是指「家庭的財務狀況」。

分析一家公司的基本面，可以判斷出許多狀況，例如：

「該公司到目前為止賺了多少錢？」

「未來是否具成長性？」

「負債比例是否健全？」

「社長、董監事等領取的報酬是否太多？」

「是否重視我們這些股東？」

「有沒有確實分紅？」

我不是財務規畫師，也不是專業會計師。這裡，我將用我自己的方式，針對股票入門新手及初中級者，介紹三個應掌握的重點。

基本面分析重點 ❶ 能有多少獲利？

　　第一個重點是有多少獲利，也就是「收益性」。不僅要判斷該事業的業績有無成長，還要判斷究竟有多少收益能力。

　　判斷指標則有：營業收益、經常性利潤、每股盈餘等，而且不僅要與前一年比較，最好能夠與過去五年做比較。

基本面分析重點 ❷ 能夠持續多久？

　　第二個重點是該事業能持續到多久，也就是「持續性」。

　　如果只有今年的業績大幅成長而已，那麼該公司的發展性反而岌岌可危。

例如太陽能發電、搜尋引擎優化（SEO）諮詢等產業，雖一時稱霸，但如果原本就不具競爭優勢，或是依賴其他公司的平台才能獲利，那麼情況也是一樣。請確實檢查這些公司是否具有未來發展性。

基本面分析重點 ❸ 能有多少把握？

第三個重點是前述的收益性及持續性能有多少把握，也就是「確實性」。當你看過能反映出收益性與持續性的財務報表，確認其可信度，並且分析過該公司的網站首頁。

認為具有相當的確實性，卻不知為何該公司股票竟處於低價位，那麼很可能是受到「市場扭曲現象」的影響，日後應會恢復到真正的價格水準。

我的做法是，我會評比這三項重點，尤其在沒有時間的時候，並且查看決算資料、公司網站首頁所登載的事業內容等，認為他們的股票價值被低估時才會投資。

請記住，「業績和事業內容雖然都很好，但股價如果

不便宜就不要投資」。

關於基本面的數字，只要對照這三項重點來加以分析，你會發現其實很簡單。換句話說，基本面分析能有效幫助你找出尚未火紅的「隱藏版潛力股」。

還有一個重點，**不要投資你不懂的股票和產業**。你可以將上述三個要點做為評估條件，建議用減分法的方式來評估，然後觀察股價變動，不斷問自己：「現在買划算嗎？」、「這支股票是否還有翻身的機會？」

▌觀察線圖，注意四個差距

分析完基本面後，接著就要確認線圖上股價來到哪個位置，也就是「**觀察線圖的技術分析**」。

這時候，你要認真思考以下介紹的四個「差距」。

（1）該股票的真實價值與股價之間，是否有差距？

（2）該事業的業績，是否足以填補此項差距？

（3）此項差距是否足以吸引投資大眾？

（4）如果足以吸引投資大眾，那麼股價是否有動起
來的跡象？

如果這四項的答案都是肯定的，那支股票就是可以「買低賣高」的股票。至於如何利用線圖來操盤，具體的方法我將在第七章詳細解說。

依照「基本面分析」→「觀察線圖的技術分析」步驟，
尋找穩健的股票。

27

不能只看財經新聞
根據身邊各種資訊來預測市場需求

　　所謂「利用過去的再現性」，就是參考過去經驗，以提高「（預測漲跌）期待值的準確率」。例如，大選前，通常選舉概念股會上漲；爆發流感時，通常製造口罩、防護衣，以及銷售這類用品的藥廠、大型藥妝店等生技醫療股會大漲。

　　換句話說，買進未來市場需求可望增長的股票，也是利用再現性來提高致勝機率的一種投資術。

　　事實上，我在之後將介紹的「買賣筆記」（P188）旁邊，都會簡單備註具高再現性的股票相關記錄。當股票與資訊產生連動時，可以立即記下，日後隨時翻看，肯定能幫助你提升投資勝率。

新聞每年都會不斷重複

每天看國內外時事、財經新聞的人應該不少，但意識到這種再現性的人並不多。

很多的時事新聞、財經動向，每年都會固定上演。若能及早注意到與這些新聞連動的股價走勢，就能以過去的經驗做出判斷：「出現大規模災害的新聞了，這支股票要動了啊。」、「美國升息了，說不定這類股要動起來了。」然後沉著應戰。

也就是說，不能只用投資技巧，還要能洞悉資訊的意義，這樣的投資人才能成為股市贏家。

每天看新聞，確認與之連動的股價走向，然後筆記整理出來。

28

注意股票的關聯性
看準「類股輪動」的時機

如何利用經濟的再現性呢？就是利用「**循環**」。請參考第 137 頁介紹的「類股輪動羅盤」。

循環指的是股票之間的關聯性。例如銀行股上漲後，接著就輪到同為金融類股的證券股上漲；海運股上漲後，接著就輪到運輸它們的鋼鐵股、石油相關類股上漲

當國家社會陷入困境時，例如遭遇石油危機、新冠疫情等，大型超市及家庭用品量販店等消費相關股票就會上漲，於是，這些賣場販售的泡麵、點心、日用品的製造商，其股票便跟著上漲。

像這樣，股價會在產業循環下輪番漲跌，只要配合經

濟動向，依輪動次序進行投資，通常效果十分良好。這種
致勝方式稱為「**類股輪動投資法**」。

當投資經驗累積到一定程度後，自會明白「類股輪動」
的走法。因此，若你只是傻傻地買賣股票，實在太可惜了，
應該好好研究股價變動的原因，及時掌握再現性才對。

對類股輪動做過功課、下過工夫的人，絕對比只看眼
前盤勢交易而忽喜忽憂的人，有更多、更大的獲利機會。
也就是說，**不要只看新聞，要預測哪些股票上漲後，接著
會帶動哪些股票上漲，然後瞄準良機、創造利益。**

此外，要能解析其他投資人的心思，不要盲從於大眾心理，堅守「不買在高價」、「及早脫手」、「等降價時重新買進」等原則，你就能大幅提高致勝機率了。

除了觀察股價隨經濟動向的起伏外，也要注意股票之間的關聯性。

29

利用再現性的致勝方式 ⑪ 嚴守投資策略

專家級的「危機處理方式」
預防損失擴大的「三種手段」

我在買股之前，一定想清楚買進的理由，並設定好目標價格，達標就獲利了結。

這是因為我已經擬好我的投資攻略：「當價格來到這裡就先獲利了結。股票換成現金後，等到下次降價再重新買進。」

做好這個準備工作後，當股票漲到目標價格時才能控制好貪念，穩穩地賺一筆。

比較棘手的是，你是否能克服股價下跌時的心魔，並嚴守策略。當股價跌破你設定的底線時，等於你手上的股票出現帳面虧損。我準備了三套對策專門應付這種狀況。

各位可以比較看看，採取對你來說最佳的方式。

對策 **❶** 及早停損（→參考 P214）

當出現利空題材，造成股價與當初預期相反而下跌時，我會毫不遲疑地賣掉，立即停損。因為事實已與當初買股的投資攻略不符了，有必要重新布局。

及早決斷才能避免致命性傷害，迎向下一次的交易。

對策 **❷** 改成分批買進（→參考 P178）

如果十分看好那支股票的前景，我會做好資金管理，然後在價格下跌時分批買進。專業投資人的致勝招術中，都務必要「分批買進」，請跟著本書好好學習。

對策 **❸** 長期持有

如果確認那支股票即便是短期下跌，長期來看一定會

恢復到原價以上或是預期股價，那就沒那麼必要急著恐慌
性拋售。

即便事實不完全按照之前設想的投資攻略發展，但只
要擬好對策，就沒必要恐慌。

大崩盤會在一定的
周期內發生
化危機為轉機的「崩跌周期投資術」

　　本章最後，我要介紹的是一種相當特別的投資致勝方式。各位知道不論暴跌或大崩盤，都有一定的周期嗎？

　　就歷史上的統計，大約每十年會發生一次大崩盤。即便不到崩盤的程度，但造成全球性股災的事件、事故、天災、紛爭等，也是每隔幾年就會發生一次。

　　有位經濟學家發表研究指出，**大約每七年到八年為一個周期，必會發生中等規模的崩盤**。

　　撇開這一說法的真實性不談，我們可以發現，像雷曼風暴、新冠疫情這樣的大崩盤，大約是每十年一次，中等

規模的崩盤為五年一次，躍上全球新聞版面的暴跌則幾乎是一年發生一次。

善用這類崩盤、暴跌周期的投資術，能帶來極佳的勝率。我稱此為「**崩跌周期投資術**」。

我不是第 76 頁曾介紹的那位女董座，但這種投資術其實就是她用的那一套，瞄準崩跌的時機，一再聰明地「買低賣高」、「逢高賣出，逢低再次買進」。

重點是，**在崩盤或暴跌時，你手上要有現金**。否則，你鎖定的股票在你眼前大拍賣，你也沒有現金及時搶進。

從我二十多歲開始做股票起，至今發生過幾次重大的「崩跌周期」。真正發生的次數其實更多，各位不妨上網查詢，多方參考。

【崩跌周期與全球大事、財經動向】

2001 年　美國九一一恐怖攻擊事件

1990 年代泡沫經濟破滅後，景氣持續衰退中，2001 年 9 月，美國發生九一一恐怖攻擊事件。日經平均股價自翌日起暴跌，17 年來首次跌破一萬點。

2007 年　次級房貸風暴（Subprime mortgage crisis）

2003 年起，景氣處於上升趨勢中，美國的次級房貸問題浮上檯面。自 2007 年底至 2008 年，全球發生一連串金融危機，日經平均股價也隨之崩盤。

2008 年　美國雷曼風暴

次級房貸風暴引發股市崩盤，就在好不容易出現恢復跡象時，2008 年 9 月，美國的雷曼兄弟控股公司（Lehman Brothers Holdings Inc.）宣布破產，造成全球金融再次陷入恐慌，股價亦再次崩盤。

2015 年　中國股災

安倍政權推動的安倍經濟學，讓日本股市恢復到二萬點，但中國股災（上海、深圳兩市股市交易的股市指數在短期內出現暴跌的事件）再次重創日本。投資人對中國景氣衰退的憂心，以及對美國升息的警戒，在在讓好不容易平穩的日本平均股價大跌。

2020 年　新冠疫情

2020 年 3 月發生的全球流行病衝擊市場，造成全球股市大崩盤。新冠疫情發生後，日經平均暴跌 4 週，股價狂瀉三成，來到 16552 點。不過，後來成功反轉上揚，反而催生出大批散戶投入股市。

———

回顧這段歷史，可以發現每 5 年左右就有一次大崩盤。如果能善用這些引爆股市重挫的大事件，即便是新手，也能藉股價的漲跌大賺一筆。尤其是**雷曼風暴時，日經平均股價一個半月就跌了約 5000 點**。

要善用這些崩跌事件來從中獲利，你必須具備「資金管理」、「控制貪念」這兩項條件，我將在第六章及第七章分別介紹。

股市崩跌事件不足以恐慌。應該化危機為轉機，抓住股票跌深反彈的契機而獲利。

PART 6

一決勝負的
買賣全攻略

拉大財富差距的
「資金管理法則」

31

用「試水溫」的方式
來磨練交易手感
專家必用的經典手法

這章節要進入股票交易的實戰教學了。

想要股票投資獲利，就必須善用規律性及模式，實際運用資金進行買賣。

這裡的一大重點是「買賣管理」，亦即「資金管理」。

經營公司也必須做好資金管理，要是失敗，一夕破產並非不可能。因此，接下來我要介紹的內容，可說是本書的重中之重。

買股票時，應先把手上資金分成幾批，從最小的單位開始「試水溫」。這就叫做「分批買賣」。分批買賣是一

種能夠提高勝率的高再現性投資術，也是專家必用的致勝招術。

若能透過分批買賣取得有利的部位，並配合市場走勢及財經動向，妥善運用資金管理，你的股票投資成績將有一百八十度的大轉變。

▌「資金管理」就是保護你的「安全帶」

妥善的資金管理可以說是保護你的「安全帶」。你要投資幾支股票皆無妨，只要做好資金管理，貫徹分批購買的原則，例如分成二至四次進場購買，那麼就算股票不幸暴跌，你也會比較挺得住。

例如你有一百萬日圓資金，然後分四次購買，每次二十五萬日圓，那麼就算你沒有特別的資金管理知識，也等於事先做好風險管控了。

建議你先以小額進場，看看自己的感覺對不對、能不

能將過去的經驗派上用場，測試你能不能正確掌握到「再現性」。

以經營來說，就是從小本買賣做起。

就算你有再多的資金和經驗，一項新事業能否成功，機率可說一半一半。因為還有景氣好壞、競爭對手、員工的熱情、你本身的健康管理等許多無法事先預測或克服的因素。因此，開展一項新事業，應先從小規模做起，再逐步增加資金和人員，才符合致勝模式。

先試水溫的 3 大好處

這種小試水溫的做法有 3 大好處：（1）可判斷這次的進場是否正確、（2）就算股價暴跌也不致於傷筋動骨、（3）發現錯誤可以及時抽手停損。買完後還能再觀察狀況以決定下一步。

投入一筆小額資金後，接下來這件事相當重要：你要

先試一下水溫

確認你的手感對不對、有沒有類似過去獲得成功時的感覺。
如果沒有，千萬別再加碼買進。

只要採用這種不斷試水溫的交易手法，你在第一次投
資所將承擔的風險就相當有限了。

第一次進場只用 25 萬日圓的話，就算損失，頂多就是
25 萬日圓而已。

如果試水溫的感覺，跟過去高勝率的成功經驗很相似，就可以逐步加碼。切記，這時仍不可將資金全部投入，應該觀察市場走勢，把預算和時間當成你的戰友，然後第二次、第三次、第四次地分批進場。

　　我想，各位都認為投資股票一定會賺錢的吧。

　　不過，我的見解稍微有點不同。我認為股票投資形同作戰，你得一手持劍一手持盾，不斷為生存而戰，因此，你得搶到比對手更有利的位置才能贏得勝利。

　　就這點來看，即便你一路過關斬將，也必須繫上「分批買進：每次投入四分之一的資金」這條「安全帶」，才能穩紮穩打。

POINT

不要一次梭哈，先小額投資、試一下水溫，才能提高勝率。

32

停利前，先確認
「市場是否為空頭走勢」
停利的時機看股價就知道

接著，我們來說明股票交易中的「停利」，即獲利了結。因為獲利了結的時間點很重要，如果不懂得何時該賣，就算獲利也只是抱上去又抱下來的股價而已，並沒有實際進帳。

我的做法是，透過技術分析來判斷是否應獲利了結。

何時該獲利了結？答案是「看股價來下判斷」。從股價幾個月的走勢狀況，就可看出這支股票未來的業績、好題材、壞題材等一切訊息。

可以說，**股票的線圖，足以反映出今後的業績及好壞**

題材等狀況。

因此，請善用這裡介紹的技術指標，邊注意線圖的上下波動，邊判斷出是否到達你設定的出售時機。當你認為接下來還會再跌、其他投資人會比你先逃等，做出「再不賣風險會更高」的判斷時，就應該獲利了結。

具體而言，（1）股價即將突破區間頂部前、（2）股價來到上一次的最高點附近、（3）股價漲到近二倍時。當出現這三種條件之一，我就會獲利了結。

換句話說，買股票要用基本面分析及技術分析這二個方向，獲利了結的時機則要以技術分析為優先。

只不過，對股票初中級者而言，獲利了結的時機點太難掌握了。因此，接下來我將介紹我本身實際操作的獲利了結步驟。

股票買賣的有力「武器」

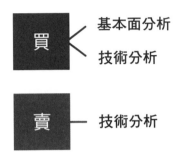

買 ─ 基本面分析
　　 技術分析

賣 ─ 技術分析

步驟 ❶ 掌握市場整體狀況

第一步是先掌握整體市場的動向。我常把股票投資比喻成航海。出發之前,當然要先查好天氣、風向等外部環境狀況。

此外,船隻的內部狀況也不能忽略。必須檢查好內部環境,例如引擎是否正常、食物是否充足等,才能順利抵達目的地。做好這些事前準備工作後,就順著海流航行下去。只要順著海流、順著風向,便能提早抵達目的地。

反之，如果你的準備工作不足，又遇到狂風驟浪，當然無法順利航行。即便船上有優秀的船員，還是可能碰上引擎故障、觸礁等危險。若是不幸碰上颱風肆虐、濃霧籠罩等意料外的惡劣天候時，就會有船隻像鐵達尼號一樣滅頂了。

　　股票投資也一樣。當整體行情呈上揚走勢時，你可以快樂出航，並且一帆風順。但如果整體行情走跌，就會有船敵擋不了狂風驟浪的衝擊而翻覆。因此，**務必在出發前就掌握好整體航行（市場）的動向。**

　　下頁表格是我在掌握整體市況時所參考的景氣狀況指數，各位也不妨參考看看。

　　　獲利了結的確很困難。但只要按表操課就不可怕。

投資致勝的參考指標

值得參考的日本國內經濟指標	
經濟指標	發布機構
日銀短觀（日本全國企業短期經濟觀測調查）	日本銀行
國內總生產毛額（GDP）	內閣府
景氣動向指數（CI）	內閣府
機械設備訂單	內閣府
整體失業率	總務省
國際收支	財務省

值得參考的海外經濟指標	
經濟指標	國家、地區
美國總生產毛額（GDP）	美國
美國就業與失業統計	美國
歐元區的失業率	歐盟
中國採購經理人指數（PMI）	中國

確認風向（市場動向）！

33

不論成敗，都要確實
回頭查看
每天查看「買賣筆記」，也整理心情

步驟 ❷ 寫「買賣筆記」供日後回顧

出航時，還有一件應該要做的事情。那就是將航行的
種種狀況記錄下來，做成航行日誌。以股票投資來說，就
是寫下買進理由和賣出理由。這就是我的航海（股票投資）
致勝術中不可或缺的「買賣筆記」。

如果投資失利，為了避免重蹈覆轍，請寫成「失敗備
忘錄」，可以簡單條列，但要說明原因。舉凡市場動向、
當時的想法、買進或賣出的原因、值得記取的教訓、如何
處理停損的時機……。請把這些問題寫下來。

```
┌─────────────────────────────────────────┐
│        「買賣筆記」的記錄項目                    │
└─────────────────────────────────────────┘

 （1）股票名稱
 （2）市場動向
 （3）我對經濟、指數的看法
 （4）為什麼這時候買進？
 （5）為什麼這時候賣出？
 （6）值得記取的教訓？
 （7）如何停損？
```

　　剛開始或許不熟悉，寫個短短兩行也沒關係。我的筆記內容大致如上圖所示。我已經將簡單的項目列出來了，敬請參考。即便寫得很簡單，只要持之以恆，就會注意到更多問題。而且不可思議的是，還能藉此整理想法與心情。

　　大腦科學研究已經證明，將不安、擔憂寫成筆記，有助於整理心情。相信做這些筆記能讓你一掃陰霾才對。寫「買賣筆記」的好處真是不勝枚舉。

正如本書反覆提到的，股票投資是一種模擬「與對手擺陣對戰」的心理遊戲。當你心慌意亂時，絕對做不好股票，反之，當你越放鬆平靜，你的投資交易就越順利。

尤其在蒙受損失時，更是難以保持冷靜，因此需要藉買賣筆記來觀察並掌握自己的心情變化與狀態。然後，才能按照自己的投資攻略，做好獲利了結的準備。

步驟 ❸ 實際進行交易

本章開頭說過，別一下整個跳進去，你應該先試試水溫，貫徹分批買賣原則，同時確認潮流走勢、風向、引擎狀況等，然後才出售持股以獲利了結。

步驟 ❹ 獲利了結後，應再次回顧整個過程

回顧獲利了結的過程，是為了從經驗中學習，讓下一次的交易更順利。

為什麼順利？為什麼損失？可有遵守停損原則？太早

進場了嗎？分批買賣時可有控制好貪念？若有失誤或犯錯，應當好好承認，然後從買賣筆記中找出原因，深切反省。再將反省到的教訓應用在下一次的交易上。

說得極端一點，**股票投資就是不斷重複上述的「步驟1～4」**。或許你覺得很困難或很麻煩，但大部分的股市贏家都在做這些事，只是程度不同而已。做做看，然後反省，找出改善之處。再一次做做看，然後反省，找出改善之處。如此不斷重複進行，你就能持續進步，贏過其他投資人。

說到底，投資不是什麼華麗酷炫的工作，而是一連串老老實實的重複性作業。

POINT

記下你在停利前的情緒變化及過程轉折，日後將派上用場。

34

善用證券公司的買賣紀錄
回顧過去半年的交易紀錄

想再更上一層樓的人，建議你應該管理你的買賣紀錄，並且定期回顧所有交易內容。

我會每半年檢查一次過去的交易紀錄。大約一年兩次，好好回頭看買價、張數、獲利、損益率等紀錄。

我依不同使用目的開了四個證券帳戶，其中一個是日本樂天證券。它的功能很方便，可以匯出過去的買賣資料。

不管是習慣哪個證券帳戶，都應該每半年或一年確認、檢查一下交易買賣紀錄。回顧這些資料，等於是用另一種觀點補足買賣筆記的內容，幫助你修正交易戰略。

回顧客觀的交易資料，定期改善、修正自己的投資習
慣。

35

挫折連連時該怎麼辦？
失敗也有再現性

碰上不景氣，股票投資連連失利時，你會怎麼做呢？恐怕會大感絕望，或是急著想扳回一城吧？

碰到這種情況，**請暫時離開市場，保持距離，先喘口氣再說**。因為有件事很棘手，就是失敗也有「再現性」。如果不找出原因，持續用同樣的方法，就會一直損失下去。

做生意也一樣。例如，你開了一家店，你的員工不能及時接待客人、接受點餐，把客人惹怒了。

這時候，如果你放任不管，不追究那名員工搞砸的原因，結果會怎樣呢？恐怕那名員工還會再次犯同樣的錯誤。這是輕忽失敗的「再現性」所招來的惡果。

為了讓各位更加理解，以下分享我的親身經驗。

王牌職員的失敗理由叫人意外

除了寫書，我也是實業家，經營一家顧問公司。

有一天，一位重要的客戶直接跟我抱怨：「都超過一個月了，到現在還找不到解決辦法，到底怎麼搞的？」

「咦？奇怪了⋯⋯」我納悶著。

負責此業務的 A 是公司的資深員工，很值得信任。其實上回我也接到過同樣的抱怨，但 A 已經知道問題點了，因此我只跟他簡短談了幾分鐘便結束。

或許是有根本性的問題沒有解決。這麼一想，我趕緊打電話給客戶，除了道歉，也仔細聆聽事情的經過。然後，我又把 A 叫過來，讓他再報告一次。

果然不出所料，問題就在**初始階段客戶要求的就跟 A 的做事方式不一樣**。

對於我們這樣的顧問公司，客戶要的是我們立即採取解決問題的行動，並盡速獲得成果。這是當然的，如果客戶能自己解決，就沒必要花錢找我們了。

另一方面，Ａ是屬於會花時間仔細研究客戶委託的問題，做好事前準備工作的人。

根據Ａ的說法，他是在完成嚴謹的市場調查後，要求客戶提供解決問題所需要的資料，並將這些要求條列出來，以電子郵件寄給對方。

的確如Ａ所言，初始作業無可挑剔，以顧問公司來說，完全合乎常規。

不過，正是這點惹惱了客戶。客戶的想法是：「我們公司就是沒人可以解決問題啊。」、「要是我們做得來早就做了，幹嘛找你！」

於是我立即指示Ａ，要他趕快解決眼下能解決的問題，建立起信賴關係後，再請對方提供更詳細的資料。

收集解決問題所需的資料，是一種高度繁複的工作。

若在 10 年前，要求客戶提供相關資料是天經地義的事，絕不會有問題。

但目前的窘境是，許多公司的人手嚴重不足，如果還拘泥於資料收集工作，根本無法推進。

結果，我們改變工作方針後，對方終於息怒，解決方案也順利推動了。

看到這裡，您認為如何？

這個問題主要出在 A 沒有理解到他犯了什麼錯，以及我疏於追究犯錯的原因。

A 是工作數十年的資深人員，經驗豐富，對他而言，事前準備工作十分重要。但客戶要的是我們幫他在競爭如此激烈、時間及人手嚴重不足的情況下殺出一條血路，及時翻轉頹勢。

追根究柢，失敗的原因就出在未理解雙方的隔閡。若不加以改善，日後定會再出現同樣的抱怨。

逆境才能讓你快速成長

如果各位一再犯相同的失誤，卻不明白原因，那該怎麼辦呢？這種時候就該想到「休息也是一種投資策略」，先冷靜下來。

不過，這句話的意思不是要你躺平，什麼都不做。而是要你在受挫連連時，先行退場做個旁觀者，客觀地找出買賣失利的原因。你可以回顧之前介紹的買賣紀錄、失敗備忘錄等，重新尋回冷靜的自己。

而且，雖無直接關係，我認為在生活上、工作上承受心理壓力時，最好也不要進行股票投資。

工作發生苦惱，生活遇上麻煩，與另一半吵架……陷入這些困境中，大腦肯定受到極度的壓力而無法靈活運轉。因此，千萬別在這種狀態下勉強進行股票投資。

就算你稍事休息，股票投資也不會從你眼前溜掉。何不利用這段時間，讓自己恢復冷靜，並視這次的失敗為成長契機。

這時候最該做的事,就是暫停交易,好好檢視一下你的買賣紀錄。

那時候,我要是這樣做的話⋯⋯

POINT

實踐「休息也是一種投資策略」。待大腦恢復清晰、心理恢復穩定後,再來思考下一步。

36

最終就是用
「自己的原則」買賣
找出致勝時機的要訣

　　股票投資有一項重要的買賣原則，就是依照自己決定的原則來買賣。什麼是「自己的原則」呢？舉例來說：

- 在大規模活動前獲利了結。
- 漲破阻力線就賣掉一部分。
- 當初的投資攻略已經被打亂就停損（防止損失擴大）
- 不論多麼順風順水，徹底嚴守「分批買賣」原則。

　　當然，每個人的投資原則各不相同。股票投資沒有一勞永逸的做法，而是要不斷根據眼前的現實，用「再現性 × 期待值」來思考下一步。因此，必須時時反省、改善，

以追求下一個「致勝時機」。

為了能在多 **1%** 的致勝時機進場，就要追求多 **1%** 的致勝再現性。最終，這就是通往股票投資贏家的捷徑。

當然，股票買賣絕沒有穩賺不賠的方法。但你仍然可以按照自己的原則買賣，久而久之，便能找出必然致勝的時機。因此，請保持自信與信念，追求致勝法則，徹底管理風險，並做好心理管控。我認為這就是終極的股票致勝投資術。

沒有百分之百的致勝技巧。重要的是不斷嘗試，在錯誤中學習，找出自己的買賣原則。

能控制欲望的人，才能管控好投資

10 招「最強心理術」

37

「不輸」比「贏」更重要
戰勝欲望與焦慮的方法

以下這件事，希望各位都能牢牢記住。要成為股票致勝的投資家，「**在贏得戰役之前，要先確保不輸。**」

股票市場很殘酷，只有贏家和輸家兩種，沒有模糊空間。如果只追求致勝的投資方法，容易犯下這些錯誤：「疏於風險管理」、「資金槓桿過度」、「尚未跌夠就急著買」。

要管理好自己的欲望，不急著求勝，就要端正信念：先求不敗，再求致勝。換句話說，在選擇致勝方法之前，要力保自己居於不敗之地。

一旦損失，想要再次藉股票投資復活，賺回同樣的資金，以我的經驗，得花兩倍以上的時間與精力。請記住，

如果借太多錢玩槓桿（融資或融券），卻慘遭市場無情逼退的話，復活可說難如登天。因此，「不知所措時，請優先選擇讓自己不敗。」

道理同開車一樣，與其一直猛踩油門，有時踩點煞車，會讓開車更容易些。但話說回來，人類就是具七情六欲，難以克制自己的欲望與焦慮。因此，本章將介紹一些有效控制心理的方法。投資贏家一定是先讓自己「不敗」的投資人。而不敗的投資人，就是知道如何控制心理狀態的投資人。

要當一個投資贏家，要先學會讓自己居於不敗地位。

38

不重蹈覆轍的「失敗備忘錄」
讓失敗原因視覺化

投資難免失敗。失敗後，務必找到原因加以改善，以免重蹈覆轍。

包括我在內，世上應當沒有持續投資永不失敗的人。連資歷五十年的股票神人都會失敗。應該說，失敗次數與資歷成正比，神人的失敗次數恐怕比各位還多。

那麼，失敗後究竟該怎麼做呢？我的做法是，**將失敗的時機及交易手法等列出來，整理成「失敗備忘錄」**。

第六章介紹的「買賣筆記」是用來記錄買那支股票的理由、經濟狀況、獲利了結等資訊，而「失敗備忘錄」則是記錄失敗的內容與當時的情緒波動狀況。

這是我實際進行的極力避免出現失敗再現性的方法。股票投資基本上是每天持續進行的工作。時間一久，往往會疏於停下腳步、回頭檢視。因此，我都是利用失敗備忘錄來強迫自己暫停。

失敗備忘錄的寫法很簡單。請先把握這個大前提：**失敗備忘錄要寫成匯整出投資失敗內容的「失敗大全」。**

沒控制好自己的欲望而撒手大幹一場，也就是所謂的「持倉過重」，這種錯誤誰都會犯。此時，你可以條列式地寫下這類內容：為何沒能控制好欲望？當時的情緒波動情況為何？是市場狀況或經濟狀況讓自己犯下這個錯誤嗎？當時的生活狀況如何？怎麼做？

如果出現巨大損失，可在旁邊加註：股票名稱、因什麼題材決定購買的？買賣過程、認賠殺出的金額、停損時的心境等。

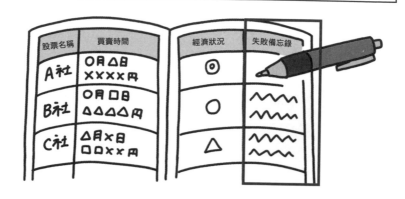

股票名稱	買賣時間	經濟狀況	失敗備忘錄
A社	○月△日 ××××円	◉	
B社	○月□日 △△△△円	○	〜〜〜
C社	△月×日 □□××円	△	〜〜〜

買賣筆記的內容

▌ 投資生涯中最慘痛的教訓

我的投資資歷目前已23年，自然也有很多的失敗經驗。我的交易次數應是各位的一百倍，單純計算的話，失敗次數也是各位的一百倍。

其中有因為小小判斷失誤而造成的失敗，也有因為過度自信、執著貪心而造成無法置信的慘敗。

我舉個例子。在我投資資歷的第 10 年，曾經對第一中央汽船做了大筆投資。當時，第一中央汽船業績惡化，股

價呈自由落體式崩跌。

在此之前，第一中央汽船已有幾次股價跌破支撐線的情況。基於每次崩跌時買進的話，之後都能因為反彈而大賺一筆，所以我就硬著頭皮買進了。

讓我無論如何都要買的原因還有一個。當時，海運股的景氣很糟，整個產業出現連續虧損。

其中，第一中央汽船的業績之惡劣尤為引人注目，按理說，這樣的財務狀況肯定令人不敢投資。

但是，**由於第一中央汽船的大股東是海運股龍頭「商船三井」，於是我天真地以為，一旦發生緊急狀況，雄霸一方的三井集團定會出手相救。**

應該說，我驕傲地認定，這是一個撿便宜的大好機會。我記得，當時看遍所有新聞，推測「商船三井應會出手相救」的媒體占了大半。沒想到結果跌破眾人眼鏡。

「第一中央汽船　聲請破產」
「大股東商船三井　作壁上觀」

那天早上，我看著網路新聞，不敢相信自己的眼睛。結果，商船三井根本沒出手相救，這支股票慘遭下市。當時，我因過度自信未能及時停損而虧了大約 1000 萬日圓，占我當時總資金量的六分之一。

為了東山再起，我發誓今後絕不再重蹈覆轍。具體做法就是將股票名稱、損失金額、當時的情緒寫成筆記，貼在電腦螢幕上。

怎麼做才能降低同樣失敗的再現性呢？經過一連串的錯誤中學習，最後我找到的方法，就是這個失敗備忘錄。

大腦容易忘記「不好的事情」

寫下失敗備忘錄，你就能隨時重新體驗當時的心境和恐懼。

我們的大腦記憶可分為「短期記憶」和「長期記憶」。由於不好的記憶不會為人心帶來正面影響，因此會被趕到大腦深處的記憶裝置中。

「第一中央汽船」破產前的股價推移狀況

資料出處：雅虎財經新聞

　　許多經驗過嚴酷災難的人，對於受難當時的情景，往往不是想不起來，就是完全排除在記憶之外。

　　另一方面，對於旅行、戀愛等幸福快樂的記憶，就會永遠保存在大腦表層的長期記憶中。

　　有一則軼事。日本三一一大地震時，某地區的居民全數獲救。真不可思議。

某大學的研究小組針對此事進行調查，結果發現，該地區居民的祖先曾經歷過大地震，於是在岩石上和住家的老牆上畫線，警告未來子孫的我們：「海嘯會衝到這邊來。」當地居民經常看到那些線，因此對海嘯來襲時的恐懼，應當與祖先同樣強烈才對。

勿重蹈覆轍。為此，我們要把當時的記憶放在腦中，不斷去體驗。而失敗備忘錄就是幫助我們重複這些體驗的記憶裝置。

將買賣紀錄做成筆記的 3 大好處

容我再提一次，我相當建議大家將買賣紀錄做成筆記。為什麼要這麼做呢？其實有 3 大好處。

第 1 個好處是，**可以用自己的話來說明買股的理由**。當你回顧失敗的原因，卻不能用自己的話來解釋，就會有問題。大部分的股市新手都是相信社群媒體上的閒聊或網路新聞而買股的，這樣不論輸贏，都無法進行分析。

但如果將買股的理由寫下來，就能查明失敗的原因，也能讓自己意識到，輸贏的的責任完全在自己。

第 2 個好處是，**可以冷靜地進行買賣**。股市瞬息萬變，有時會突然走跌，有時會出現令人不安的題材。如果你能先擬好投資攻略，並確實寫買賣筆記，那麼即便出現這種變局，你也能重新站回原點，檢視當初買股的判斷是否正確，做好心理調適與資金管理。

第 3 個好處是，**可以客觀地反省自己**。我說過多次，投票投資是一種可以不斷重複操作手法，且一次次提高再現性的遊戲。因此，每一次失敗都值得好好反省，才能避免重蹈覆轍。

人人都會失敗。重要的是，找出方法以避免重蹈覆轍。

39

「停損」並不難
應該常常回顧的「5 大重點」

　　你很重視每一次的買賣，並且會去反省買賣當時經濟方面發生了什麼事、當時的心理狀況如何等。這些反省做得很確實後，你會發現一件事。

　　只要堅守「買低賣高」基本原則，並且事先擬好投資攻略，那麼真正必要時再做「停損」即可。

　　此話並非「不必做停損」喔，讓我來詳細解說吧。

　　停損，又稱止損，就是賣掉你手上因價格下跌而蒙受損失的股票，讓損失停止。簡單說，就是「輸錢」。此外，很多股票書籍都會寫到：「當股價下跌 10% 時止損。」、「跌破 25 日線就停損。」

　　這種停損法雖有明確的準則，但基本上沒考慮到當時的景氣動向，以及你的買進價格等，因此不能算是普遍適用的投資方法。我所重視的停損要點有下列五項。

　　（1）與購買該股票時相比，經濟狀況改變了嗎？
　　（2）有守住「買低賣高」的基本原則嗎？
　　（3）出現不好的題材，打亂當初擬定的投資攻略了嗎？
　　（4）有必要重新檢視當初擬定的投資攻略嗎？
　　（5）發生全球性的大崩盤，與前面（1）～（4）點無關，所有股票都進入下跌趨勢了嗎？

　　發生（5）的話，請立即停損避難。這裡不單是指金融崩潰，還包括天災、戰爭、紛爭等不可抗力情事。

　　例如美國的九一一恐攻事件、伊拉克戰爭等，不論你的投資攻略擬定得多麼嚴謹，投資就是會遇上無以回避的

突發事件。不過，這類股市重挫幾乎都是因為投資人的恐慌心理所致，通常只要大家恢復冷靜，股價就會再次恢復到原價。

因此，基本上我會保留以配息為目的的股票，以及打算中長期持有的股價，其餘的一概賣掉以停損，等到股價跌至底價附近再買回。

▋ 持續觀察線圖，就會知道停損點

換句話說，停損不是我的最終手段，我打從一開始就不打算做停損，因此徹底堅守「買低賣高」原則。另外，只要你每天仔細觀察線圖，自然能慢慢掌握到停損點。

乍看之下，你可能會以為線圖沒有規則性可言，其實錯了。只要仔細追蹤走勢足跡，你會發現它多年來一直是以相同的模式移動。

股價推移不外乎上漲、持平、下跌這三種模式的組合。

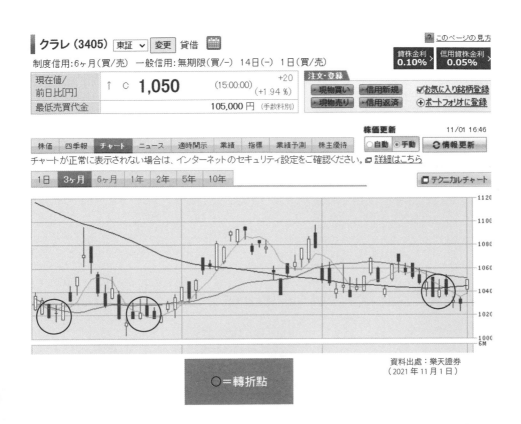

○＝轉折點

資料出處：樂天證券
（2021 年 11 月 1 日）

這些組合累積成線圖，日復一日、年復一年，形成所謂的
「股價波浪」。

　　看似不規則的線圖，其實有規律可循，請務必理解這
點。

如果你再繼續研究下去，會發現上圖紅色圓圈標示出來的點，稱為「**轉折點**」，就在各位已經學過的高價、低價附近，即趨勢線的下限附近。

　　線圖會在這一帶時而上下震盪，時而不斷攀升，如此反覆。

POINT

　　只要仔細觀察線圖，自然會慢慢掌握到停損點。

40

從過去的波動模式
預測下次的走勢
應該注意的兩條線

看出股價的變動趨勢後，接下來就要預測「線圖的走勢」。方法很簡單，只要看著線圖即可。

當股價來到先前介紹過的阻力線和支撐線的轉折點附近時，就要預測接下來會怎麼走。

利用這個走勢的模式，不但可以擬定獲利了結的攻略，也能在出現緊急狀況時準備停損。我的話，我會在大幅跌破當初設想的支撐線時停損。

像這樣，邊看線圖，邊想好要在這裡買、這裡賣的策略，就稱為「擬定投資攻略」。

這種做法也能應用在股票投資以外的事情上。例如，各位在工作上，也會參考前一年的業績數字、各季節的變動狀況才對。

如果你是一家花店的職員，應會思考：「上個月向日葵賣了這麼多，下次要多進一點貨。」、「今年的聖誕節，要比去年多進一些送禮用的花束。」

我也是一名經營者，因此也會做同樣的思考：「去年同期有這樣的業績，尤其春、夏之間，有很多編預算方面的諮詢。」、「因此，今年也在這個時期打廣告吧。」

以過去的經驗和模式為參考，擬定預算及戰略。當然，未必之前如此，將來就會如此。

投資自不例外，畢竟它也是一門生意。只不過，既然有容易理解的模式，沒道理不善加利用。

特別是阻力線和支撐線的再現性相當高，可以做為擬定投資攻略時的買賣參考。

事實上，只要不斷利用這兩條線來練習買賣，你的投資技術肯定越來越高明。請耐心地學會駕馭它們吧。

利用股市線圖來擬定投資攻略。

41

確立買賣的「型態」
兼具「昆蟲的視線」與「飛鳥的視線」

　　線圖上的再現性，可以視為一種「買賣的型態」。確立自己的交易方式後，便能及早預測，進步也會更快。

　　不論武術或格鬥技，都有標準的型式、打法的風格等。初學者必須先學習基本的型式。接著，邊看示範表演或老師的動作邊模擬，盡可能達到一模一樣，藉此提升技巧。

　　股票投資也一樣。

　　我的做法是，我會先利用月 K 線找出適合進場的支撐線（右圖 ❶），再找出阻力線（右圖 ❷）。阻力線會有很多條，不必硬畫成一條。

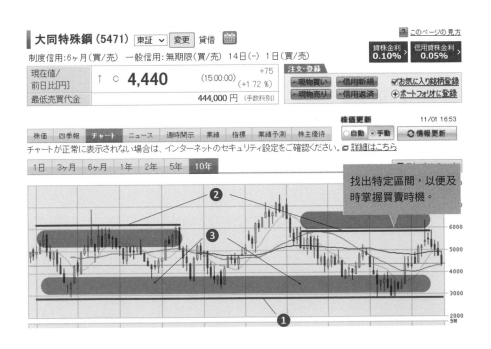

找出特定區間，以便及時掌握買賣時機。

資料出處：樂天證券（2021 年 11 月 1 日）

接著，再次檢視股價於支撐線附近的動向，並根據日 K 線、週 K 線、月 K 線來擬定投資攻略，訂定買賣及停損時機（上圖 ❸）。

也就是說，請用昆蟲的平行視線與飛鳥的俯瞰視線，一邊確認股價上下波動的強弱，一邊看準時機操作。

如果出現不符投資攻略的狀況時，請依照這條原則：

（4）有必要重新檢視當初擬定的投資攻略嗎？（參考P215）

必要時，密切觀察線圖並畫出停損線。

畫出阻力線和支撐線，然後觀察日Ｋ線、週Ｋ線、月Ｋ線的走勢，擬定買賣的投資攻略。

42

無意義的停損
只會導致資產縮水
為什麼要做停損？

這一路介紹過來的「停損原則」，其實知易行難，操作難度也相當高。

正因為困難，才會很多股票書上都概括性地寫出 8% 原則、10% 原則，不是嗎？坦白說，我在這個主題上，也正想要這麼做（笑）。

停損的操作方法，不論說明如何做或學習如何做，都是這麼困難啊。

如果一碰到股價下跌就無條件地賣掉停損，資產只會不斷縮水而已。身為散戶的各位既然讀了本書，並在實踐

過程中學會擬定投資攻略的方法，那麼更該建立「**購買理由消失就停損**」、「**只要購買理由沒被打亂就不做停損**」等判斷基準，才不會讓大筆資產在股海滔滔中打了水漂。

市場上常聽到的「必須做停損的理由」，各位可曾想過？

經常聽到的理由有：（1）持有不斷下跌的股票，因為漲不上來，資產只會縮水而已。（2）整體而言，你的資金周轉率會下降。

基於這兩點，停損才能提高資產增加的速度，而且不讓套牢的資金更加動彈不得。

另一方面，如果你始終貫徹「逢低買進」原則，那會如何呢？不見得「不會立即上漲」吧。因此，如果你看好股價必然會恢復，那麼應繼續持有該股票，不必認賠殺出。

換句話說，即便股市一時崩盤，股價暴跌，但如果你的投資攻略是認為今後必然恢復景氣，那就繼續持有才是上策。

　　不過，如果你是利用資金槓桿等信用交易方式來投資股票，就必須考慮信用維持率，這點不得不留意。

　　應審慎擬定投資攻略，才不會陷入一再停損而損失慘重的窘境。

43

投資該嚴守的
「明智停損原則」

聰明停損的 3 個要訣

　　要靠股票投資賺錢的話，就必須避免損失擴大。我們這些散戶，很遺憾，有時不得不因應時勢而做停損。這個單元，我將告訴大家我如何在緊要關頭聰明地停損。

停損訣竅 ❶ 　做一個接受失敗的投資人

　　說自己「沒辦法做停損」的人還真不少。因此，學會停損的第一步，就是**認清事實：「股票投資沒有百分之百穩贏的。」**

　　請接受「股票投資有贏有輸」這件事。

只要進場交易，時日一久，難免碰到與財神爺擦身而過、股價走勢與預期相悖導致資金虧損的情況。

這種時候，應當認清「股票投資沒有穩賺不賠」這件事，然後做出停損的決斷。畢竟沒有人能夠準確預測未來。股票專家也一樣。在股海中沉浸五十年的資深老手也無法完全掌握股價動向。

不可能有「股票投資百戰百勝」這種天方夜譚。

若沒打消這種股市小白的天真幻想，就無法做一個懂得停損的投資人。輸就輸了，只要能找到失敗原因，就能提升交易技巧。想通這件事十分重要。

所謂「失敗為成功之母」，說賠錢是成為股票達人必須付出的學費，一點都不為過。

停損訣竅 ❷　投資規劃與家用支出劃分清楚

第二個要訣是：將停損造成的損失，與你的家用支出劃分開來。

做停損時，往往會跑出這樣的念頭：「有這十萬日圓，我就能吃大餐了說。」、「本來可以全家出國旅行的。」也就是將損失與日常生活混在一起。

這樣想當然做不了停損。應該盡量與日常生活劃分清楚，將停損視為做生意的必要成本。

停損訣竅 ❸ 事先設定好可損失額度

第三個訣竅是：事先想好你可以承受的損失額度。

如果沒先定好損失額度，那麼必須做停損時就會遲遲難以決斷。

我的建議是，若交易金額為三百萬日圓，可將一成的三十萬日圓設為必要成本，萬一不得不停損時就當作可承受的損失額度。

做生意都會有這種「視為成本」的做法，也就是將最多一成的三十萬日圓損失，視為創造利益的經費。請理解這一點，事先設定好損失額度。

做好這一點，當事態發展與預期相反而出現損失風險
時，就可以冷靜應對，減少傷害。

不必追求百分之百的勝利。當一個能認輸的投資人。

44

停損應注意的重點

沒有絕對的停損原則
有時停損反而不利

在我每日更新的 YouTube 頻道，以及在證券公司開課的課堂上，最常被問到的問題，前一、二名就是「停損原則」問題。

恐怕各位讀者最感到頭痛的，也是這個停損問題吧。

什麼時機停損？如何停損？

換句話說，**幾乎所有投資人都還沒找到關於停損的標準答案。**

不過，實際操作就知道了，前面也已提過，設定停損原則是一件相當困難的事。我猜各位讀者中，恐怕不少人已經因為幾次的停損而重傷本錢吧。

市場上常聽到當沖設定 8%、10% 停損的說法，但即便你照做也不會轉敗為勝。這是很多人都不知道的盲點。並非方法錯誤，根本原因在於投資類型不同。

這點很重要，我將詳細解說，作為本章的總整理。

停損原則因投資方式而不同

首先，你必須先決定你的投資類型、買賣手法。

如果你是做當沖，那麼你不能拖到隔天，必須在當天完成停損，因此有必要設定 8%、10% 或 3% 等嚴格的停損原則。

另一方面，**如果你是做中長期的散戶，有時急著做停損反倒是給自己套上腳鐐。**

一如前述，我都會先擬好幾種取捨的選項，例如：「先確定投資攻略再買股票，如果對自己的攻略很有信心，就絕不停損。」、「當攻略被打亂就做停損。」

有時我甚至會在股價走跌時增加持有部位，切換成我之前介紹過的分批買賣模式。

這麼一來，股價越跌，我的股票就越多，當然，損失額度也會大增。也就是說，透過分批買賣而持有部位大增後，心情往往也會隨之忐忑不安。

不過，如果對自己的投資攻略極有信心，那麼只要預測命中，股價反彈上來，就能海賺一票。

此外，大型機構經常玩一招，就是「**大量拋售**」。

這是大量賣空的手段之一，藉此拉低他們看好的股票的價格，然後逢低買進來創造利益。

有些散戶不知道大型機構的這種操作，對於財報良好卻股價下跌感到一頭霧水，然後傻傻地遵循停損原則而一再做出停損。

股價下跌是一時的嗎？還是真的進入空頭趨勢？

你應該不斷問自己這個問題，最後冷靜地從（1）停損、（2）分批買賣、（3）長期持有這三個選項中做出決斷。

停損並非唯一選項。

換句話說，我要提醒各位的是：比起停損，「資金管理」更重要。

前面介紹過「買低賣高」、「市場的扭曲現象」、「再現性」、「從小額開始投資」、「試水溫」、「分批買賣」、「投資攻略」等，各位應該多多善用這些武器，靈活投資。

比起停損，應先做好資金管理。

45

投資的陷阱

將資金分散到許多股票
雞蛋不要全放在一個籃子裡！

以資金管理的角度來看，「將資金全部投入一個籃子裡」的操作手法太危險。應將資金分散到幾檔股票，才能避免股票一倒你就跟著全倒的災難。

「即便是頂流大企業，也勿盲信、過信。」

這是我在選股時絕對堅守的信條。就算是國際大企業豐田汽車，也不能斷言絕對不會破產。這就是股票投資。

切勿妄信、迷信任何一檔股票。未來如何，沒有人知道。

事實上，我曾因為購買之前提過的第一中央汽船，以及高田這家安全氣囊公司的股票而損失慘重。我違背我的

投資原則，分別對這兩檔股票投資了 800 萬日圓、1000 萬日圓，結果幾乎全打了水漂。

當時，高田是一家毫無債務的優良企業。但自從發生安全氣囊破裂造成死亡的重大事故後，沒幾年便告破產。如果那時候我將全部資金壓在高田這檔股票，今天我就不會在這裡為大家寫書了。

結果就是，「**我因為分散投資多檔股票而逃過一劫**」。

即便因為停損而資產縮水，若能東山再起，並且好好努力，就有可能賺回之前的損失。因此，請各位好好透過本書，學會股票投資致勝的「再現性」。敬請恪遵格言：「雞蛋不要全部放在一個籃子裡。」

千萬不可迷迷糊糊地將資金全壓在一檔股票上。

46

崩跌時的對策

手上有現金，崩跌不驚心
有時就讓錢閒閒沒事做吧

沒有中意的股票時，那就「把現金好好收著」，這點很重要。

習慣做股票後，總會在意資金周轉率，覺得不有效地錢滾錢太浪費，進而陷入「要是沒買股票便心神不寧」的心理狀態。

而我始終認為，日後肯定還會發生類似雷曼風暴那樣，造成所有股票連月下跌的慘況。

這種時候，如果你以滿倉或全額槓桿的方式持股，只會讓資產不斷縮水罷了。

反之，現金保有率高的話，就能逢低布局。

再說，前景不明時，也不易找到十分值得投資的股票。

股價暴跌是資產大幅縮水的主因，因此這種情況下，提高現金保有率，「等待」股市回穩，亦是一種聰明的投資戰略。

如果寫不出「購買理由」，就不要買那支股票。當你無法明確描繪出未來的投資攻略時，就應鼓起勇氣暫時與市場保持距離。也就是說，宜選擇「等待」，暫停投資。

證券營業員與投資人的決定性差異

拿別人的錢做投資的專業操盤手或基金交易員，他們的工作使命就是頻頻獲利。如果一名證券營業員說：「目前景氣動向不明，因此不做交易。」應該會被罵吧。即便前景不明，他們也無法讓錢閒置著。

然而，**我們這種投資個體戶就能自由運用自己的資產做投資**，當然也能選擇持有現金等待機會來臨。

　　我有個朋友是位專職投資人，他把現金放在證券帳戶裡，平時靠部落格流量賺取廣告分潤，只在一年一次的股價崩盤時才趁機大量買進，賺得幾年分的生活費。說起來，這也是**個人投資者才做得到的投資手法**。

既然「等待」是個人投資者才有的特權，豈有不善加利用的道理呢？

　　重要的是，各位必須不斷追問，哪種投資方式可以維持你的再現性？哪種投資方式能夠提高勝率？

　　身為股民，各位應持續不斷找出這個答案。

POINT

「等待」是個人投資者才享有的特權。

終章

傾囊相授！

成為投資贏家
的「超強鐵則」

我已經把股票致勝的基本觀念及投資技巧的精髓全都告訴大家了。「再現性」、「期待值」、「資金管理」與「情緒管理」的方法等，每一項都極為重要，請各位牢記在心。

　　最後，我要介紹幾個更能對抗風險的鐵則，不僅可應用在工作、讀書上，也能讓你成為一位更厲害、抗壓性更高的投資家，請務必好好實踐。

成為投資贏家的超強鐵則 ①
認真拼輸贏

　　股票投資等同「模擬戰爭的世界」。

　　如果想藉股票大幅增加資產的話，就要拿出專職經營一項事業的意志，認認真真做投資。

　　千萬記得，「買進時，必須能夠用自己的話寫下購買理由」。將你想買那支股票的理由及相關買賣紀錄寫下來，條列也行，做成「買賣筆記」。

成為投資贏家的超強鐵則 ②

輸了就檢討

輸了就是敗將，此時應反覆檢討再檢討，記取教訓，化作「下次投資的養分」。

投資必有風險。沒有不帶風險的投資，也無法完全避免損失。不過，如果做足功課後依然蒙受損失，就必須好好思考日後如何避免重蹈覆轍。

不斷犯同樣的錯誤，不僅不會進步，也無法從中獲利。出現損失時，首要工作就是分析原因以避免再犯。

每次失敗後都能分析出原因，讓自己的投資方法更加精進，下次就能用更高明的技巧來應戰了。

重點就是：「讓明天的自己比今天更厲害」、「讓武器維持在更精良的狀態」。

失敗是進步的重要養分。除了你個人的經驗外，近來

還可以透過書籍與 YouTube 等汲取別人的經驗。

　　成為一名不斷進步的投資人，是你在戰場上屹立不搖的最佳求生術。

成為投資贏家的超強鐵則 ③
別怕逆風而行

　　還有一點很重要，不要受貪念支配而買賣股票。人們普遍有跟風的傾向，不敢逆風而行。

　　然而，想要靠股票投資賺錢的話，基本上要「大家都想賣的時候買，大家都想買的時候賣，才能獲利」。

　　換句話說，要**敢於違背大眾心理**，別怕逆風而行。

成為投資贏家的超強鐵則 ④

參考股市贏家的意見

參考贏家的意見是必要的。**不論做生意，乃至你的個人生涯，都有必要參考成功人士的意見。**

我經營公司已經將近 20 年，但我深知很需要向上市企業的經營者學習，因此每年都會參加大型報社主辦的講座，把握機會充電。

參加講座時，我的筆記本寫得密密麻麻，乍看黑壓壓一片，再也擠不進一個字，可說用功到貪得無厭。

既然投資跟做生意沒兩樣，那麼成功人士的方法、經驗，特別是失敗經驗，肯定有很多通往成功道路的知識值得參考。

當然，也可以看書學習。有人偏向做短線、有人喜歡做長線，有人重視基本面、有人鑽研技術面等，投資手法各有不同。

這種情況下，就要用第四章所介紹的，選擇所有人通用的共通法則。如果你有喜歡的方法，不妨模擬該方法進場小試一下。

　　如果親自進場模擬後發現不適合，可以立刻停止。即便停止，你依然能獲得經驗。

　　你可以從失敗中，將自己擅長的投資手法改善成更容易致勝的方法，或是作為繼續研究的材料。如此努力不懈後，你的致勝模式得以精進，你便能成為一位投資贏家。

　　有人必須花很長的時間才能奠定實力。

　　但別心急。只要你向投資贏家學習，慢慢修正出自己的成功模式，日後你再回顧，會發現看似繞遠路的一切，其實已成為投資致勝所必要的「燈塔」、「橋梁」、「路徑」了。

成為投資贏家的超強鐵則 ⑤

擬定自己的投資攻略

不重蹈覆轍，才能避免機會損失（opportunity loss）。

失敗就會賠錢。連續失敗就會被迫退場。因此人人都想遠離失敗。

要遠離失敗，就要在採取行動前先擬定投資攻略。

訂好計畫並付諸行動，然後檢討結果，邊修正邊重新擬定投資攻略。如此不斷重複。這就是商務上說的管理循環（management cycle）。

我除了是一名股票投資人，也同時經營多家公司，是一名實業家。我還有 YouTube 頻道，訂閱數約十五萬人。腳踏多條船的我相當樂在其中。

因此經常有人跟我說：「你講的內容，有非常多企業家的觀念及技能。」的確，那些經營公司、克服失敗的經

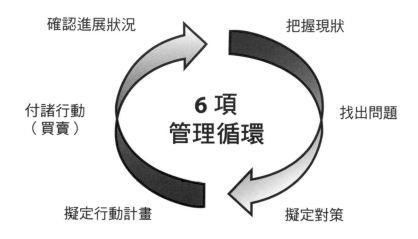

投資與做生意基本上一樣！

確認進展狀況　　　　　　把握現狀

付諸行動　　**6 項**　　找出問題
（買賣）　　**管理循環**

擬定行動計畫　　　　　　擬定對策

驗，對我的投票投資十分有用。其中之一便是這裡介紹的
管理循環。

　　管理循環繞得越多次，改善能力就越大，你的投資技
巧自然越厲害。

但是，不少投資人既缺乏事前計畫，也不做事後的改善，只會隨波逐流地瞎投資。那麼，無論這個管理循環跑了多少圈，還是無法提升投資能力。不僅如此，久而久之便會疲乏，甚至賠錢。

管理循環的計畫及改善要點，本書已經介紹過了，請各位多加複習，直到嫻熟為止。

成為投資贏家的超強鐵則 ⑥

分分秒秒進行改善

「分分秒秒進行改善！」這是我以經營者身分經常對員工說的話。這句話的意思，不是要員工凡事都做大幅度的改善。

我的經驗告訴我，要求自己一年改善一次的人，與要求自己一天改善一次的人，不論成長的速度、成長曲線的走法，都是截然不同的。

這是我從當老闆的經驗領悟出來的話。

總之，人不僅靠行動，還靠不斷改善而成長。從改善過程中，我們將學會真正重要的事，例如複製成功進程的能力。

分分秒秒進行改善。從今天起，請分分秒秒提起這個念頭來做股票投資。

成為投資贏家的超強鐵則 ⑦

擬定多套投資攻略

擬好多套投資攻略後，碰到緊急狀況時，可以立即改弦易轍，及時停損。

對你來說，股價如預期節節上升的主要攻略，自然是最理想的。然而，不論人生或職涯，總不能盡如人意。

我創業已近 20 年，開公司後，不如意的事更是隨時上

演。面談多次，情投意合才錄用的職員，做沒幾天便辭職。有絕對把握而開展的新事業，一個月便重挫。同樣地，股票投資也不會按照當初預期的方式走。

有可能上下震盪後走跌，也有可能買進以後出現利空題材而暴跌，或是一度下跌，接著觸底反彈。

股票買賣，就像這樣，可以有各式各樣的攻略模式。

將難以預料的事態一個個想清楚後，就用自認最理想的主要攻略進場。如果主要攻略沒料中，就嘗試第二套攻略。那麼第二套攻略是如何修正軌道的呢？萬一發生最壞的情況，又該如何應對呢？

其中一個方式是停損，也有可能是分批買進。

只要是專業的投資人，都會像這樣事先擬定每一套攻略的對策。

「擬定多套投資攻略」的觀念十分重要，請務必牢記在心，讓自己具備及時停損的能力。

不要被股價上漲沖昏頭

有些投資人在日常工作、生活中，總是時時掛念著股市動向。23 年前我開始做股票時，也是如此。

股票投資這件事，能給從未經營公司或從未玩過賭博的人，帶來一種新鮮且甜美的刺激感。

我常用「**股票改變日常**」來形容。平時就是規律的上下班，但做起股票後，每天都因股價的急漲急跌而忽喜忽憂。當行情看漲，就將手上資金加倍投入。彷彿賭徒般，不由自主地亢奮起來。

我是過來人，深知這種心理，尤其新手普遍處在這種狀態中，但我必須說，**過度陷入這種異常生活，會讓你更難取勝**。

因為，你會給其他投資人可趁之機。不要被股價上漲沖昏頭。應該要有「感謝市場讓我贏」的意識，才能保持冷靜。

成為投資贏家的超強鐵則 ⑨

習慣股價起伏，心情維持冷靜

心情不夠穩定，難以冷靜下判斷，就別提要股票投資致勝了。為此，你必須具備「讓心情穩定的能力」。

「習慣」便是讓心情維持冷靜的要素之一。

從事股票投資的時間夠久，自然越來越習慣買賣股票的刺激，也就沒什麼感覺了，甚至碰到股價暴跌我也不會膽顫心驚。

因為，你或許是第一次碰到股票暴跌，但我已經身經百戰了。

像我這樣的人，在股價崩盤時，有可能短短一天就損失近五百萬日圓。即便如此，**只要三秒鐘，我就能恢復平靜**。我會看一下畫面，確認證券帳戶上的帳面損失，一秒過後，我便轉換好心情，擬定接下來的投資攻略。

久而久之，自然習慣股價起伏而能立即振作應對。

不要被市場攪亂心神。要縱橫股市，這點絕對比你想像的更重要。

成為投資贏家的超強鐵則 ⑩

擬定越跌越賺的投資攻略

不讓股價暴跌攪亂心神的方法還有一個。**擬定股價越跌越賺的投資攻略**。

會因股價暴跌、股市崩盤而心臟怦怦跳無法專心工作的人，請再次評估你的持倉風險，並做好資金管理。

「我將閒置資金全壓在這次的機會上了。」、「我用信用交易豪賭了一把。」如果每次都要直面這種狀況，有幾顆心臟都不夠用。

請再次思考清楚：股票投資是一場心理戰。不論心理狀態或實際行動，如果你都跟別人一樣，肯定贏不了多久。

你要有堅強的意志，別人越焦急，你就越要冷靜。

如果你有上述情況，請參考下列幾點，重新檢視你的倉位。

☑ 倉位確認清單（若有問題應立即改善）

□ 針對目前的市場，是否擬定多套投資攻略？

□ 目前的投資金額是否過大？

□ 減少持股是否比較心安？

□ 是否擬好股市越跌越贏的致勝投資模式？

□ 比起短期，是否中長期的投資方式比較適合？

□ 是否應該延後買進的時間？

□ 是否過度使用信用交易，而且超過風險容許值？

以上只是我的舉例而已。對你而言，是否還有其他應檢視的項目？總之，你應該隨時保持冷靜，仔細檢視你的投資倉位。

能否賺錢要看市場，別給自己太大壓力

「這個月要賺 30 萬日圓」、「今年要靠股票還清債務」。

像這樣自己任意設定目標，製造出簡直要逼死自己的狀態後，等於是將自己推入火坑，難以從市場斬獲。這種情況十分危險，應適可而止。

我的 YouTube 頻道常有人來留言，詢問一些問題：「我的餐飲店要倒了，於是我抱著抓住最後一根稻草的念頭開始投資。」

「我動用了小孩的教育基金，所以我今年一定要賺 200 萬日圓才行。」

「不能月入 10 日圓，我就活不下去了。」

他們應該都是面臨了一些問題，而且要靠做股票賺錢

才能維持生活。

當然，我明白每個人都有想賺錢的理由。但是，用這種心態做股票，基本上很難獲利，原因我先前已經說明了。

首先，最重要的關鍵是「心情穩定」，也就是你的心理狀態是否健康。

很多投資人都是想靠股票賺錢而投入股市。

不知大家如何看待這件事，就我來看，股市就像一個投資人互相爭奪、血流成河的戰場。

我看到在散戶們互砍互刺的一旁，身穿鎧甲的外資正手持長槍開始衝鋒陷陣。我看到後面還有插著各國國旗的阿拉伯國家（石油資金）和年金基金（國營投資基金）等專業投資陣營。

這些陣營之所以按兵不動，是因為眼前外資的衝鋒陷陣，在我們這些散戶的戰場上激起動盪，而他們正在窺伺可趁之機。

我們頭上還有禿鷹等猛禽類和烏鴉盤旋，等我們一個

個精疲力盡地倒下，他們便會群起而攻。

在如此凶險的情況下，如果你的心理有幾分脆弱，就會產生負面作用，導致你投資失利。如果你貪心不足蛇吞象，就有可能招來無法承擔的後果。

讓自己不斷進步，在進步中增長獲利。這樣的想法才正確吧。

成為投資贏家的超強鐵則 ⑫
消除「股票中毒症」

能在交易時間看盤的人，有一點需注意。如今手機應用程式相當發達，不但顯示狀況幾乎跟電腦畫面相當，而且操作容易，選股、看線圖都不是問題。

不過，如此頻繁地盯著股價，不小心就會「股票中毒症」發作而不買難受。

當然，「股票中毒症」並非真正的疾病。但有了這種症狀，容易違背當初的投資攻略而失心瘋超買，或是認為機不可失而衝動買進。

「這時不買更待何時！」、「現在是絕佳時機，明天就漲了！」不少投資人被這種心理脅迫觀念套住，一時把持不住而去碰信用交易。

只是，我前面已說過多次，衝動購買的股票幾乎不會讓你賺錢。唯有找出本書介紹的再現性，擬定投資攻略，確認買賣筆記，做好資金管理，並在心理健康狀態足以創造穩定收益的情況下，才能從事交易。

反之，**如果隨時隨地都在看盤，便會滿腦充斥著「想買這支股票」、「現在不買不就虧大了」等念頭。**

如何擺脫這種狀態呢？我的做法是，**設定固定的交易、看盤等股票時間。**

附錄中我將舉例說明我每天做股票的時間表，敬請參考。

6：00	起床，淋浴。
6：20	邊煮咖啡邊做伸展操。
6：30	寫稿（寫書或論文，一定在創造力最佳的早晨時間進行）。
8：00	上班（從住家走路 10 分鐘到公司。回工作信件、看員工的工作日誌等，回 YouTube 觀眾的提問）。
8：30	看美股的收盤價及匯率。
8：40	用手機看新聞（各個新聞網站）。
8：50	擬定當天的投資攻略（主要是決定當天要賣的股票及要買的股票，有時還會確認「買賣筆記」或「失敗備忘錄」）。
9：00	股市一開盤就開始買賣（如果不買賣，這時候就開始上班）。
9：15	確認限價 [1] 單（只用限價交易，不用市價 [2] 交易。確認無誤後關閉證券公司網站）。
9：20	開始上班（除非出現暴跌、崩盤的新聞，否則將股市的事情一概拋諸腦後）。

註解 1　限價：指定買賣價格的一種下單方式。可以防止股票被以不希望的價格交易。

註解 2　市價：不指定買賣價格，以買賣成立為優先條件的下單方式。基本上會比以限價單交易更快成立。

後記

你可以「預測」未來

「要股票投資致勝，就好好利用再現性。」

從前，我在一場證券公司主辦的五百人研討會上說這句話時，一名男子強勢舉手反駁：「經濟泡沫啦、股票上漲賺錢啦，這些全是碰巧的，根本沒辦法再現，所以怎麼可能利用再現性！」

的確，他的主張不無道理。

不過，我有不一樣的看法。我認為，**知道過去的經驗和數據，可以某個程度「預測」未來發生的事**。投資人應當觀察經濟與金融趨勢、財務報表與線圖的動向，然後一邊預測未來，一邊從茫茫股海中挑選標的。

　　如果是個股，就要預測能夠上漲到什麼程度、該事業今後能否持續發展、財務是否健全、經營者能否帶領企業拓展未來等。

　　不僅如此。

　　該產業的經營環境是否持續看好？有無災害等風險？如果人氣下滑，能否吸引更多關注，保持其商業模式在國際上的優越性？會不會受到匯率趨勢的影響？以及，美國、中國等貿易大國的經濟趨勢日後是否改變？……

　　在地球暖化等社會趨勢下，此時，也有必要考慮他們是否積極投入減碳、次世代能源等領域。將這些問題全部預測一遍後再投資。

　　像這樣，投資一定要做「預測」。

當然,預測有時準有時不準。如果有保證預測神準的方法,人人都願意砸大錢買吧。另一方面,股市贏家判斷的事情,絕不止上述這些而已。

我有一個讓預測更準確的方法,就是**依據過去的法則、經驗來進行投資**。換句話說,依據過去發生的案例,以及許多投資達人的共通模式,然後看準致勝時機及致勝區間來做股資。

▌從過去的傾向與對策中,找出再現性

讓股票翻了一倍,甚至是翻了十倍,賺得盆滿缽滿。假設有如此自豪的投資家。

最近因為投資風氣大盛,股票沙龍、投資酒吧等如雨後春筍般蓬勃,成為媒體焦點。你如果在這些地方,遇到做股票大賺的人就覺得他「太厲害了」,那你還只是二流而已。光贏還不夠。你得看他的知識和經驗中,有沒有致勝的再現性。

假設那位投資家只是碰巧大賺，那麼就算他的獲利翻倍，之後要再繼續翻倍，不斷複製成功經驗來累積資產，應該很難。

當然，世事難料。正因為如此，我們必須從過去的數據、經驗中，「正確地找出致勝的再現性」。

基本上，我是一名企業家，也是一名 YouTuber，因此我同各位一樣，都是業餘的投資人。說不定，我花在投資上的時間比各位還要少呢。

即便如此，在股市暢旺時，我每年獲利達數千萬日圓。換算成時薪的話，每小時賺進數百萬日圓，無疑是一份高收入的工作。

這全都得歸功於，我十分重視本書所介紹的再現性，並確實做好資金管理與情緒管理。

讀完本書的各位肯定也做得到。請相信自己，大步邁進吧。

致富贏家只做「這件事」

作　　者：上岡正明
譯　　者：林美琪
責任編輯：黃佳燕
封面設計：FE 設計
內頁設計：王氏研創藝術有限公司
印　　務：江域平、黃禮賢、李孟儒

總 編 輯：林麗文
副 總 編：梁淑玲、黃佳燕
主　　編：高佩琳、賴秉薇、蕭歆儀
行銷企畫：林彥伶、朱妍靜

社　　長：郭重興
發 行 人：曾大福
出　　版：幸福文化／
　　　　　遠足文化事業股份有限公司
地　　址：231 新北市新店區民權路
　　　　　108-1 號 8 樓
網　　址：https://www.facebook.com/
　　　　　happinessbookrep/
電　　話：(02) 2218-1417
傳　　真：(02) 2218-8057

發　　行：遠足文化事業股份有限公司
地　　址：231 新北市新店區民權路
　　　　　108-2 號 9 樓
電　　話：(02) 2218-1417
傳　　真：(02) 2218-1142
電　　郵：service@bookrep.com.tw
郵撥帳號：19504465
客服電話：0800-221-029
網　　址：www.bookrep.com.tw

法律顧問：華洋法律事務所　蘇文生律師
印　　刷：通南印刷有限公司
初版一刷：2022 年 12 月
定　　價：380 元

図版：有限会社エヴリ・シンク

國家圖書館出版品預行編目資料

致富贏家只做「這件事」/ 上岡正明著 . -- 初版 . -- 新北市：幸福文化出版社出版：遠足文化事業股份有
限公司發行，2022.12
ISBN 978-626-7184-53-0(平裝)
1.CST: 股票投資 2.CST: 投資技術 3.CST: 投資分析
563.53　　　　　　　　　　　　　　　　　　　　　　　　　　　　　111017721